RENOIR

PORTRAIT DE RENOIR (Photo octobre 1919)

GUSTAVE COQUIOT

RENOIR

AVEC 32 REPRODUCTIONS

ALBIN MICHEL, ÉDITEUR
PARIS — 22, RUE HUYGHENS, 22 — PARIS

IL A ÉTÉ TIRÉ DE CET OUVRAGE

cinquante exemplaires sur papier de Hollande

numérotés à la presse

de 1 à 50

et 12 exemplaires sur papier bleu

(hors commerce)

—

— Encore un essai de livre sur Renoir?

— Mais oui!

— Il n'y a pas de quoi prendre cet air triomphant!

— Je ne le prends pas.

— C'est au moins le 365ᵉ essai?

— Le 366ᵉ exactement.

— Et pour dire quoi de nouveau?

— Oh! pas grand'chose!

— Alors?

— Seulement, peut-être, pour corriger quelques erreurs.

— Et ce 366ᵉ essai n'en contiendra plus?

— Mais si !

— Alors, ça peut durer indéfiniment ?

— Mais oui.

— Je ne comprends plus !

— Ne cherchez pas à comprendre !

— Encore... Faut-il ?...

— Eh bien ! ce 366e essai m'a procuré, surtout, le vif plaisir de revivre avec Renoir.

— Ah ! dans ces conditions !...

. . . .

. . . .

« Tels ils marchaient dans les avoines folles,
« Et la nuit seule entendit leurs paroles. »

P. V.

JEUNE FEMME EN COSTUME ORIENTAL

I

Une Famille de Province à Paris

UNE FAMILLE DE PROVINCE
A PARIS

Quatre souvenirs précis me restent de la ville de Limoges, où je fus une année, au lycée, dans une toute petite classe.

Le premier souvenir : un élève, piqué par une mouche charbonneuse, en creva; le second, les fumées et les lueurs d'incendie au-dessus de la ville, les soirs d'été, quand on revenait de la campagne; le troisième, que je ne puis vous dire, car il est franchement obscène; et le quatrième souvenir, c'est la rue des Boucheries, où ma bonne me traînait parfois ; la rue des Boucheries, cette rue d'Orient triste, sans les myriades de mouches et sans le soleil, mais malodorant quartier tout de même aux ruelles étroites et tortueuses, où je marchais dans le sang coulant aux rigoles et devant des cadavres de bêtes qui m'épouvantaient.

Je me souviens, bien aussi, de la Vienne, la rivière qui passe sous le pont Saint-Etienne ; le vieux pont encore plus âgé que les vieilles maisons du bord de l'eau, qui n'ont l'air de tenir que grâce aux linges sales (on dirait des charpies) qui les pavoisent.

Et, enfin, je revois la ville bâtie en amphithéâtre sur la rive droite de la rivière, et la cathédrale Saint-Etienne là-haut, sur sa colline, et ce quartier de l'*Abbessaille* (Oh! que ce nom péjoratif me plaît!), tout en reposoirs encore de linges étendus sur des cordes, tout en reposoirs de masures, d'enfants et de

Photo Durand-Ruel

ENFANT PORTANT DES FLEURS

jardins. De linges surtout ; car, je n'en ai jamais tant vus qu'à Limoges, où le quartier du Clos-Sainte-Marie en accroche tant et tellement le long de la Vienne dormante, que nul chaland n'anime, sans doute parce que les blanchisseuses à elles seules se chargent bien de l'animer, à coups de gueuloirs et de battoirs, la petite rivière dolente.

Mes parents habitaient ancienne route d'Aixe. Aixe était plus loin, après avoir dépassé la charmante Briance, les hauteurs de Saint-Germain-les-Belles et de Pierre-buffière. Il y en avait à Aixe de ces moulins, de ces tanneries, de ces fabriques de galoches, et tout cela si exquisement caché dans les ombrages, à la lisière des vallons de la Suisse limousine.

Vous savez tous, bien entendu, que la puissante industrie de Limoges, celle qui lui donne sa réputation mondiale, c'est la céramique ; mais, vrai ! — j'y reviens — on ne le

dirait pas quand on voit, du pont Saint-
Etienne, la ville, pittoresque, certes, mais
ancienne, délabrée et, là-bas, dans le ciel,
l'échine qui se silhouette de la cathédrale.
Oh! tous ces draps qui sèchent toujours,
toutes ces claies, tous ces pignons à balcons,
sur les faces des fenêtres, ces yeux ouverts
ou clos au petit bonheur, toutes ces vieilles
tuiles qui ont tant d'histoires de pluie, de
soleil ou d'orage à se raconter. Oh! oui,
qu'il me plaît ce nom — que je le cite encore :
l'*Abbessaille*, tout le pêle-mêle d'aujourd'hui,
d'hier, de demain, de ce quartier grouillant —
à en croire le nom — de curés, de bigotes,
d'abbés, de chantres et d'enfants de chœur!
L'*Abbessaille*, que d'odeurs d'encens, de
myrrhe et de bergamote, dans le nom! Que
de soutanes noires et que de magnifiques
chasubles dorées, argentées, le nom même
canaille, m'évoque! L'*Abbessaille*, nom,
bien sûr, qui vient du moyen âge, qui date

des XIII° et XIV° siècles, ces moments
où l'on bâtissait, dans le style ogival
parisien, la cathédrale; et qui sait si
ce n'est pas un Parigot de ce temps-là, venu
ici comme maçon, qui l'a baptisé ainsi le
quartier, serré autour de son église, comme,
autour d'une mère poule, ses poussins?
L'Abbessaille, comme cela est peut-être aussi
un qualificatif tombé des lèvres serrées de
Monsieur de Voltaire, passant en poste sur
le vieux pont!.....

*
* *

Déjà, dans ce temps-là (au temps de
Voltaire), quand on s'ennuyait en province,
quand on y faisait mal ses affaires, on son-
geait à Paris. Paris était un miroir célèbre;
on venait s'y cogner le nez, s'y bossuer le
front; et si, devenu Parisien, l'on continuait
de ne point améliorer sa fortune, on restait

là pour ne point reprendre la voiture, avec ses hardes et ses désespoirs.

Or, depuis plusieurs années (dans les entours de l'année 1840), vivait, végétait plutôt, à Limoges, un tailleur à façon, nommé Renoir, et qui avait plusieurs enfants. Un tailleur à façon, vous voyez ce que cela veut dire : une sorte d'artisan oriental, accroupi, les jambes repliées, sur un plancher surélevé et en pente, (exactement le *lit* des corps de garde); — martyr plutôt qui coud, découd, rapièce, rafistole des vestons, des redingotes, des pantalons d'un tas de gens qui ne sont même pas ses amis, — et dont le travail est payé, réglé par des salaires de famine.

Quand il fut las, bien las de sa situation, le petit tailleur Renoir pensa donc, lui aussi, à Paris. Sans doute, le dimanche, après les vêpres, il lui arrivait d'entraîner sa famille dans ces promenades qui deviennent bientôt

BAIGNEUSE SE COIFFANT

d'épuisantes corvées. Il s'offre, par exemple, des excursions à Solignac et au château de Chalusset; mais ces ruines, quand on les a vues plusieurs fois, le cœur vous manque de les revoir. On a beau se répéter qu'à Solignac, il y eut une abbaye illustre de Bénédictins — et que le château de Chalusset fut la résidence très ancienne des vicomtes de Limoges, cela ne peut retenir longtemps un petit tailleur et ses gosses. D'autres fois, toute la famille, traînant dans des paniers la pitance de la journée, filait jusqu'à l'Aiguille, jusqu'à Beynac, — d'où elle revenait épuisée, fourbue, dans la nuit lourde, au moment où Limoges s'embrase des feux d'artifice de ses fours; mais de tout cela Paris, au bout du compte, ne s'en offrait que mieux comme un abri de bon espoir, et, peut-être, qui savait? de sûre délivrance.

Aussi, en l'année 1844, fut-il possible de voir le tailleur Renoir en route vers Paris, emmenant avec lui ses cinq enfants, — et, parmi eux, Pierre-Auguste Renoir (qui allait illustrer le nom), et qui était né, à Limoges même, le 25 février 1841.

Le tailleur tombait à Paris en pleine monarchie de juillet, Louis-Philippe étant roi. Cela, il ne l'ignorait point ; mais il ne se doutait certainement pas des jours qui suivraient et qui allaient secouer de rude façon sa carcasse habituée à l'endormante torpeur de la province. Un portrait, peint par Renoir, le représente, bien des années plus tard, il est vrai — de la meilleure façon, cependant. — Front chauve, légers favoris, yeux vifs et noirs, col dégagé, l'air d'un magistrat, avec une certaine noblesse. Maigre, bouche pincée, ni barbe ni moustache. Ce portrait n'indique point du tout que le tailleur Renoir fût, en l'occurrence (ce rêve d'habiter Paris et d'y faire fortune), une sorte de hanneton. Ne voyons donc ici que les effets de cette attirance certaine, qui n'a, du reste, jamais cessé d'être pour mille raisons que vous trouverez exprimées tout entières dans Balzac.

Installé à Paris, le tailleur Renoir ne surnage pas mieux qu'à Limoges. Ce qu'il voit de plus près — si l'on peut dire — c'est l'effrénée corruption qui ronge les députés et les ministres du roi trop débonnaire, que, d'autre part, Philipon et ses dessinateurs — Daumier en tête — secouent au plus haut de l'arbre royal. En 1847, il sévit une disette dans une grande partie de l'Europe. A Paris, sur 1.053.000 habitants, on compte 635.000 indigents. Le tailleur Renoir est-il parmi ces derniers? Enfin, le 24 février 1848, la République est proclamée. Tout cela n'enlève pas le tailleur Renoir à son lit de corps de garde. Souvent, il lui arrive de regretter Limoges. Que n'a-t-il, par ses fils, donné des rivaux à ces peintres émailleurs d'autrefois : Léonard Limosin, Nardo Péni-

caud, Jean et Pierre Courteys, Pierre Rey-
mond et Noël Laudin ? Lui-même, né à
Limoges, pourquoi s'est-il laissé prendre par
ce miroir parisien qui ne devrait, somme
toute, attirer que les étrangers ? A y bien
penser, est-ce que le joli village de Solignac,
si pittoresquement niché dans les arbres,
avec sa jolie rivière et son église à clocher
carré, ne vaut pas Romainville ou même
Bougival ? Et la place Saint-Aurélien, à
Limoges, offre bien un coin aussi pittoresque,
aussi inattendu, que n'importe quel site à
Montmartre ; et la rue Saint-Martial et
l'église Saint-Michel l'emportent même sur
tel quartier de Belleville ou de Clignancourt.
Sans doute, il y a, à Paris, les boulevards,
les maisons dorées, des théâtres, des cirques ;
— mais puisque tout cela n'est point pour
lui, le petit tailleur, que ne s'est-il contenté
de lire et de relire — avec la plus parfaite
sérénité — les touffus romans de M. Honoré

de Balzac! Les aventuriers devraient seuls
« s'y laisser prendre »...

Et, de surcroît, le tailleur Renoir a commis la faute, la très grande faute, de prendre
un logement dans la rue d'Argenteuil, en
plein Carrousel. Il n'a pas retrouvé là le jardin
qu'il avait dans le quartier du Sablard, à
Limoges, près du vieux pont. Il est devenu
une sorte de parasite comme tant de Parisiens, réduit à vivre dans un logis étroit,
privé d'air et dont la vue, en face, est celle
de beaucoup d'autres logis aussi misérables,
aussi laids que le sien propre. Ah! comme il
les regrette, alors, ses promenades le long de
la rivière, ses arrêts parfois sur le pont à
regarder les blanchisseuses qui, d'une façon
interminable, semble-t-il, fixent sur des
cordes draps de lit, chemises et serviettes!
Et les reflets de tout cela dans l'eau, aussi
dormante que celle d'un canal! Comme ils
restent sages, eux, résignés!..

II

Dans la rue

BAIGNEUSE SE MIRANT DANS L'EAU

DANS LA RUE

Nous allons voir maintenant l'enfance et l'adolescence de Renoir (le peintre) livré à Paris ; et les commentateurs, les « Amis de Renoir », ceux de la « première » et ceux de la « dernière heure », vont inventer, avec preuves à l'appui, les plus délirantes sottises touchant celui qui, sans eux, s'illustrera de jour en jour jusqu'à devenir le peintre Auguste Renoir.

Naturellement, puisque le père reste pauvre, c'est à l'école communale que l'enfant est placé. Non moins naturellement, l'enfant, tout de suite, dessine sur ses cahiers, sur ses livres de classe, et révèle ainsi sans tarder une « irrésistible vocation », celle de la peinture. Ce n'est pas tout, ce n'est pas assez. En ce temps-là, vivait un ubiquiste — qui n'était pas Dieu le Père ! — mais simplement le sieur Gounod, maître de chapelle de l'église Saint-Eustache, dit un « Ami de la dernière heure (A. D. L. D. H.) » ; maître de chapelle de l'église Saint-Roch, assure un « Ami de la première heure (A. D. L. P. H.). » Le sieur Gounod n'avait pas encore écrit — musicalement — les borborygmes de *Faust* et autres *Roméo et Juliette* ; il était brave homme et « il se penchait volontiers sur les petits enfants ». Il se pencha sur le jeune Auguste Renoir, affirment les « Amis de Renoir (L. A. D. R.) ». Heureusement qu'ils s'en sont tenus à deux églises, les « Amis de Renoir » ; car on eût pu aller jusqu'à sept, avec ce précédent des sept villes qui, autrefois, se « disputaient l'honneur d'avoir donné naissance à Homère », ce chantre bêlant de *l'Iliade* et de *l'Odyssée*. Pourquoi Gounod s'était-il penché sur le jeune Auguste Renoir ; vous l'avez deviné ! C'est que l'enfant possédait une voix musicale « très déclarée » (*sic*) ; et Gounod ayant entendu cette voix-là (il inspectait alors les études musicales dans les écoles de la ville de Paris), il en avait été fort surpris, assurent les « Amis de Renoir ». Seconde vocation qui « pointait » ! Il s'agissait de pousser sans tarder le jeune Renoir vers la porte qui s'ouvre et se ferme sur les « espoirs musicaux ». Tout cela est un peu burlesque, n'est-ce-pas, aujourd'hui ? Je sais, je sais bien que l'illustre Barnum a asséné un jour sur un crâne humain, représentatif de cinq cents millions de têtes, l'admirable, la profonde, l'étincelante vérité que voici : « *Il naît un jobard par seconde !* » Mais, tout de même, comment les « Amis de Renoir » ont-ils pu écrire, dans des gros livres coûtant fort cher, que *leur homme* « possédait en germe une admirable voix », quand tout le monde sait, maintenant, que si Corot, lui, chantait plaisamment, Renoir, par contre, gringottait d'une voix tout à fait fausse, voix de tondeur de chiens ou de réparateur de porcelaines, à votre gré, ou mieux selon les pesanteurs plus ou moins déroutantes de l'atmosphère. Et ce sera toujours ainsi; pour tâcher d'illustrer Auguste Renoir de toutes les façons, les jobards-amis de Renoir raconteront les plus bêtes des ana.

Quoiqu'il en soit — pour concilier, accorder, réunir les deux vocations en une, le père Renoir, — qui montra, reconnaissons-le, en cette occurrence redoutable, un bon sens des plus rares! — plaça son fils Auguste Renoir en apprentissage chez un marchand de terres vernissées, qui, à la manière de tous les artisans parisiens, poussait volontiers la romance. Ainsi Auguste pourra peindre et roucouler!

Auguste, son apprentissage terminé, veut devenir peintre sur porcelaine. Alors, pourquoi au moins celui-là de ses fils n'est-il pas resté à Limoges? se demande la mère. Et, du reste, les autres enfants, les aînés, ne se tirent point d'affaire, eux, non plus. Le père aussi est un grand enfant qui n'a pas mieux réussi; — et toute la famille végète dans ce Paris, immense, énorme, effroyable.

Je n'ignore point que Auguste Renoir court, vole, dès qu'il a un moment, au musée du Louvre. Oh! que j'aime cette chose touchante que j'ai lue si souvent dans les livres, dans les bons livres d'art! Il travaille, il souffre, notre héros; mais, à peine a-t-il deux minutes à lui, il se précipite chez les Maîtres, il grimpe au musée du Louvre. Sainte et émouvante bouffonnerie!

En réalité, il est plus simple et plus naturel de croire que Auguste Renoir vit comme un gamin de Paris. A Paris, on est longtemps un gamin de Paris, — à moins que l'on ne soit un des jobards de Barnum !

Auguste Renoir vit donc ici et là, changeant de patron, dans la rue. C'est, à ce moment, le plein du boulevard du Temple. Les théâtres se touchent les coudes, ouvrent leurs portes, gueulent de toutes leurs parades, arrêtent de toutes leurs affiches le passant. C'est le théâtre des Délassements-Comiques, le théâtre impérial, du Cirque, le théâtre de la Porte Saint-Martin, le théâtre de la Gaîté, et bien d'autres. On joue ou l'on représente des revues, des petites féeries : *L'histoire d'un drapeau* ou grand drame militaire en douze tableaux, — *les Cosaques*, drame en cinq actes, — *le Courrier de Lyon*, le triomphe de Paulin Ménier, — *Paillasse*, qui soulève les foules dès que Frédérick-Lemaître

daigne jouer, — *Cartouche*, avec Dumaine.
Un autre branle-bas, tout à côté, vient des
Funambules, du Petit-Lazari, du théâtre
Déjazet ; et le régal, le bouquet, l'Olympe et
le Paradis terrestre réunis, c'est, au théâtre
de la Porte Saint-Martin, *le Pied de mouton*,
grande féerie ou revue-ballet en 28 tableaux.
Rien de plus, rien de moins ! On commence
le spectacle à sept heures et on le termine
à une heure du matin, souvent plus tard
quand on a fait bisser et trisser les couplets.

Et comment Auguste Renoir, dont il ne
faut point mettre en doute la curiosité,
l'éveil spontané des yeux, le goût de la couleur, n'eût-il pas été sensible à des promenades, à des visites, à des revenez-y cons-
tants à ce boulevard du Temple ou du
Crime, large avenue empanachée d'arbres,
où de nombreuses calèches défilent devant
des terrasses de cafés illustres ?

Comment eût-il résisté à ce boulevard

secoué de rires, de cris, de bruits de toute sorte, de musiques? véritable kermesse éternelle, foire de toutes les farces, rendez-vous de tous les drilles, de tous les boute-en-train, de tous les garçons, de toutes les filles, et des bourgeois opulents qui promènent, à des heures canoniques, la majesté de leurs bedaines?

Comment eût-il vécu à l'écart enfin de toute cette foule joyeuse, piaillante, fracassante, agitée par les marchands de coco, de berlingots, de « plaisirs » qui tournent leurs claquettes, et soufflent dans des sifflets? Et quelle foule! Des gamins, des bonnes d'enfants, des tambours-majors, des pitres sans théâtre, des queues rouges sans estrade, des Pierrots, des Arlequins, des Colombines sans emploi et en réclamant un, avec force lazzi, cris et tempêtes de rire. Et, par les beaux jours, cela sentait fort, cela sentait bon. On buvait partout, on bâfrait sur tous

BAIGNEUSE S'ESSUYANT

Photo Durand-Ruel

les bancs; on barytonnait à qui mieux mieux!

Oui, le musée du Louvre, c'est bien; mais la vie, c'est encore mieux; — et Auguste Renoir, sentant peut-être en lui, selon le cliché connu, l' « inéluctable vocation du peintre », se répétait que c'était peut-être très bien d'aller contempler des tableaux dits fameux; mais surtout quand il pleuvait, quand le boulevard du Crime, ruisselant d'eau, déversait au dehors toutes les larmes des spectateurs d'une semaine.

Et puis de mauvais bruits déjà jappaient. Ne répétait-on pas que le préfet Haussmann, impitoyable éventreur de Paris, féroce partisan de l'alignement — et tout puissant, d'ailleurs, tenant Badinguet dans sa poche, allait supprimer purement et simplement ce boulevard du Crime, sous prétexte du sacré percement d'une grande avenue? On répétait cela et on n'osait y croire! En attendant, il fallait profiter du gai boulevard!

Oui, en profiter et largement! Car, le 15 juillet 1862, le décret était signé. Finis alors les joyeux, les turbulents spectacles! A la pioche des démolisseurs, il était abandonné, le tapageur boulevard. Protestations écrites et verbales, réunions publiques, rien ne put s'opposer au lugubre décret. Tous les théâtres dispersés; toutes les bonnes d'enfants, tous les bourgeois, tous les cent-gardes, tous les apprentis, tous les quadrupèdes, toutes les grandes et toutes les petites dames, tous les marchands, tous les hommes-orchestres, tous les montreurs d'ours et de singes, tous les équipages, tous les rires, tous les cris, tous les esclaffements, toutes les sages-femmes et tous les pâtissiers, tous les glaciers et toutes leurs sonnettes, tous les chiens-savants et tous les singes-parleurs, tout, tout, puces savantes traînant des chars et phoques jouant à la nageoire chaude, tout fut emporté, disparut — et laissa le boulevard triste, froid, nu, éventré, maigres poussières qui étaient toute une joyeuse histoire de Paris!...

A ce moment-là, Renoir songea à entrer à la manufacture de Sèvres.

Etait-elle donc si attirante, cette manufacture administrée par un sieur Lauth, chimiste, — et dont le directeur artistique se nommait Carrier-Belleuse.

Combien de fois, alors que je faisais tous mes efforts pour réserver à l'Etat français l'œuvre de Rodin, suis-je allé moi-même par là en compagnie du sculpteur qui, tombé sur la fin de sa vie en enfance, tomba du même coup entre les griffes du conservateur juif qui allait l'administrer, à *sa* façon, le morne musée! Combien de fois, Rodin, en passant devant la bâtisse nationale, me raconta sur la manufacture de Sèvres, sa petite histoire à lui, d'un air souriant, je

l'avoue ; — car, depuis ce temps-là, beaucoup d'olympienne sérénité avait recouvert
d'un large manteau de pourpre les médiocres
débuts d'une vie promise à la célébrité
mondiale.

— Oui, j'ai travaillé là-dedans, me disait
Rodin. Carrier-Belleuse m'y avait fait appe-
ler, — Carrier-Belleuse, pour qui je mode-
lais des petites figures, dans ses ateliers de
la rue de la Tour d'Auvergne. Ah! quel
temps, quels souvenirs! Car si Carrier-Belleuse était un artiste plein de bonnes inten-
tions, et, pas maladroit, d'ailleurs, apte à
modeler avec verve de mignonnes Hébés ou
d'opulentes Cérès, se montrant, en somme,
un bon, un suffisant directeur artistique ; le
nommé Lauth, l'administrateur, était un
féroce imbécile, empiétant sur tous les ser-
vices de Carrier-Belleuse ; et, comme Carrier
préférait vivre tout le temps à Paris, il fut
bientôt, ce sieur Lauth, le seul maître, l'orga-

nisateur de tout le travail. Je vous laisse à penser par quels frissons put passer alors la manufacture abêtie! Ce fut, ce moment-là, — et il dura! — le moment des modèles les plus nigauds à copier, la négation absolue de toute invention, le respect le plus soumis à tout ce qu'il y avait de plus ridicule, le triomphe en un mot des sujets les plus stupides et les plus périmés. On me laissa faire quelques vases; mais je devins bien vite la bête noire de Lauth. Il n'osait pas me renvoyer à cause de Carrier; mais, ingénieusement, il commença d'abord par faire retoucher copieusement mes modèles, les déformant tout à fait; et ce qu'il en pouvait rester, il recommandait qu'on le plaçât à même sur le sol, pour que l'on pût, en passant, décocher quelques coups de pieds, qui réduisaient bientôt mes pauvres œuvres à l'état que vous devinez. Je ne sais si on en a sauvé quelques-unes. Bah! regardez-moi, mon ami, ce paysage; voilà ce qui console de tout! »

Et il s'offrait à nous le panorama connu, — la vallée, les arbres, les maisons accrochées ici et là, et tous les villages. Puis, nous reprenions notre marche — et Rodin concluait :

— Oh! ça ne doit pas être quelque chose de mieux, maintenant, cette manufacture. Elle doit toujours fournir du bric-à-brac à des cours princières, à des sociétés sportives, à des vainqueurs orphéoniques! Ah! mon pauvre ami, nous vivons dans un bien triste temps! Il eût fallu placer Desbois, ce délicat sculpteur de la grâce, à la tête de cette vilaine chose-là; mais connaissez-vous un seul ministre capable de cet effort?... »

Généralement, nous faisions ces promenades par un généreux soleil, et je ne répondais pas. Rodin savait bien que je méprisais Sèvres, comme toutes les autres manufactures appartenant à l'Etat.

Un jour, Renoir me fit part à moi-même de ce rêve qu'il avait nourri : entrer dans cette bâtisse d'aveugles ; mais, ça n'avait été qu'un rêve, une de ces choses affreuses qu'enfante la nuit ; et, au jour, au grand jour, dégagé de tous les fantômes des ténèbres, il fut mieux saisi par la vie, la vie avec toutes ses couleurs : les bleues, les rouges, les jaunes, les vertes, — et tout le délicat frissonnement de vivre !...

BAIGNEUSE ASSISE SUR UN ROCHER

III

Les vrais débuts

LES VRAIS DÉBUTS

Un jour, Renoir, entraîné par un camarade, put enfin entrer dans l'atelier de Gleyre, un « vrai » peintre. Là, il peindrait, enfin, croyait-il, « de vrais tableaux », tout en continuant de se débrouiller pour vivre.

Le « Petit Larousse illustré » qu'il faut toujours consulter, quand on en a l'occasion, parce que ce précieux thesaurus est — je ne le dirai jamais assez! — le plus réjouissant des dictionnaires, nous donne sur Gleyre, en exemple de « monographie concise, mais caractéristique » les précis détails ci-après : « *Gleyre (Gabriel-Charles), peintre français, d'origine suisse, né à Chevilly (canton de Vaud), d'un talent très pur, souvent symbolique, et plein d'élévation (1808-1874).* » On notera, ici, en passant, que, de nos jours, Monsieur Binet-Valmer, tout en étant d'origine suisse, *lui aussi*, (comme feu Gleyre, dont la France ne tire hélas! aucune vanité) se déclare le premier des patriotes français, s'il est également le plus médiocre des feuilletonnistes français. Que ne loue-t-on plus souvent — et, quant à moi, que Dieu me garde de l'oublier! — la généreuse Helvétie qui, sans se lasser jamais, envoie ainsi chez les purs Français le trop-plein de ses plus illustres mais encombrants sujets!

Chez Gleyre, Renoir connut Claude Monet, Sisley et Bazille. On est jeune, on va vivre amicalement comme cela ensemble, quelques années avant la guerre de la toute belle

Eugénie de Montijo de Guzman, comtesse de Teba.

Le père Gleyre, lui, était vieux, mais débonnaire. C'était surtout un portraitiste de l'école de M. Ingres. Il blaireautait des portraits de jolies femmes, en soignant particulièrement les yeux et la bouche; il peignait ces deux organes, comme s'il eût eu toujours à peindre des fleurs rares. C'était un Suisse, mais bien léché, pas un Suisse de première venue.

Les élèves restaient très libres dans son atelier; il leur répétait, en considérant une toile, un dessin, le jour de sa visite hebdomadaire : « *Votre* bouche est un peu pincée! Attention! soignez bien *vos* yeux! » et il passait, ayant jeté cela comme une brève réflexion sur l'état de l'atmosphère.

C'est avec et par ses camarades surtout que l'on apprend. Renoir était bien tombé sur le trio ci-dessus. Tous trois avaient déjà du talent, et Bazille surtout, sans rien pressentir, « se dépêchait d'en avoir davantage ». Il allait expirer quelques années plus tard, sous les balles allemandes, à la bataille de Beaune-la-Rolande.

L'été, on s'en allait travailler dans la forêt de Fontainebleau. Réunion de sites tout indiqués; et, là, on rencontrait tous les peintres qui avaient marqué de renommée l'école dite de 1830 : Diaz de la Pena, Jean-François Millet, Théodore Rousseau, Charles Jacque, — et tant d'autres. Tous, jeunes et vieux huiliers, se retrouvaient dans *la gorge aux loups, les Trambleaux, La redoute de Bourron, au long rocher, aux gorges de Franchard, aux grands Feuillards, dans la vallée de la Solle, aux gorges d'Apremont*. Les uns et les autres avaient logis et pitance dans les villages environnants : à Marlotte, à Chailly-en-Bière, à Barbizon, ou dans des huttes avec buvettes et lits de camp élevées en pleine forêt : aux *gorges du Houx*, *au rocher des Demoiselles*, ou au *mont Chauvet*. C'était le moment historico-pictural où l'on représentait dans des paysages dramatiques des personnages à costumes, style Meissonier, ou simplement des *Lisières de forêts*, des *Vieux chênes*, des *Roches* et des *Mares*. Vous retrouvez tous ces tableaux noircis, encrassés, saurés, dans les vieux hôtels et dans les musées, où ils meurent lentement d'ennui.

Bazille, issu d'une riche famille nîmoise, partageait avec Renoir son atelier de la rue de la Condamine, à Paris, dans le quartier des Batignolles. Renoir, hanté surtout de l'œuvre de Delacroix, préférait, au demeurant, ce petit coin-là à toutes les forêts du monde. Il s'essayait à peindre des vues de Paris, des scènes avec personnages. Son *Esmeralda dansant avec sa chèvre* est un type de ses tableaux, à ce moment-là.

Et puis, comment rester bénévolement

à la même place, ne pas courir à droite et à gauche quand rugissaient tant de batailles livrées en plein Paris par des chefs qui s'appelaient Manet, Courbet?

Et, enfin, les indépendants, les farouches, avaient pu prendre conscience d'eux-mêmes au Salon des Refusés, ouvert pour eux, en 1863, par la volonté du « tyran » Napoléon III. Et les cafés, les parlottes, vous attisaient sans cesse le feu au ventre, pour vous exciter à jeter bas les vieilles formules et les sujets éculés. Parmi les nouveaux venus, Claude Monet, surtout, tapageait, animait de son puissant verbe les groupes hésitants. On l'entendait partout hurler, vanter Manet, Courbet et Corot — celui-ci, moins batailleur, tout enlisé dans les grâces de ses nymphes. Oui, la peinture de 1830 avait fait son temps; elle s'était noircie, patinée, de toutes les fumées des encens projetés vers elle. Et il fallait, aux beaux soirs du café Guerbois,

Photo Durand-Rue

BAIGNEUSE

entendre tous ces jeunes peintres clamer leurs haines et leurs admirations en paroles d'une superbe jactance et d'une vigueur sans pareille !

Le Café Guerbois ! A-t-on souvent parlé de cet hospitalier logis sis à l'entrée de l'avenue de Clichy — et où je devais souvent me réfugier moi-même aux entours de l'année 1889 ! Ce café Guerbois — tout sauré, tout culotté, dont les plafonds, par les brises d'hiver, suaient de la fumée des pipes et de l'haleine des clients ; ce café Guerbois, où une horloge, délaissée, marquait une heure invariable ; et où une caissière à l'air triste somnolait, secouée parfois par les brusques aboiements d'un vieux petit chien rageur et jaloux. Là, au temps de Renoir, avaient passé, vitupéré ou écouté simplement le dandy Manet, — le notaire Edgar Degas, — l'écœuré Fantin-Latour, sombré dans ses lithographies wagnériennes, — Cladel, le

4

doux meneur de chiens et de romans à
la rude saveur, — Philippe Burty, le frénéti-
que collectionneur, — Castagnary, l'apôtre
de Courbet, — Villiers de l'Isle-Adam, tiraillé
par Edgar Poë et Barbey d'Aurevilly, —
Théodore Duret, élégant et grand seigneur
bourgeois, — Marcellin Desboutin, graveur
un peu suranné, — Stevens, arbitre des
élégances féminines, — Duranty, aigre, cons-
tipé, mais excellent entraîneur, — Théophile
Gautier, bon poète mais indigent critique
d'art, — Emile Zola, rongé par la gale de l'ar-
rivisme, que tous tenaient un peu à l'écart.
Moins souvent, on y avait vu Baudelaire, —
le funambulesque de Banville — l'herméti-
que Mallarmé et l'étrange Whistler, qui
disait « trouver en ce café un asile contre sa
peur des crépuscules »...

Ah! il me plaît de l'évoquer le Guerbois
de l'autre guerre, quand je me retrouve, à
mon corps défendant, dans ces chenils de

Montparnasse, où tous les métèques rapins se soûlent en brassant des cartes. Les jeunes caïmans aux dents pourries ont mal remplacé les jeunes peintres d'autrefois, qui ne se souciaient pas, eux, de vendre pour renouveler leurs vomissements de spiritueux. Jamais ces derniers n'eussent imaginé la course aux amateurs, noms et adresses relevés dans le « tout-Paris » ou dans l' « Annuaire des abonnés au téléphone ». Bas rapins qui se faufilent partout, des toiles sous chaque bras, et que l'on retrouve jusque dans les loges des acteurs, jusque dans les tinettes des cafés à putains; bien mieux encore, échangeant — si cela se peut — leurs « productions ». honteuses contre une paire de souliers, contre une chemise ou une boîte de conserves !...

Renoir apparaissait quelquefois au Guerbois. Au fond, avec Pissarro et Cézanne, il restait un des timides du groupe; il parlait peu; il était bien l'homme tel que Fantin-Latour l'a peint dans son *Atelier aux Batignolles*. De notre temps, Pierre Bonnard se rapproche de ce portrait-là.

Aux temps favorables, on rencontrait Renoir à Bougival, à Saint-Cloud, à Louveciennes, à Marly, à Croissy et à Chatou. En somme, tous ces villages, petits ou grands, se tiennent à peu près dans le même cercle, peu vaste, dont Versailles est le phare. Renoir peignait là des jardins, des portraits de femmes. Reçu, plus souvent refusé au Salon, il peignait déjà pour le vrai et le seul amour de peindre. Ses tableaux de ce moment-là? On vous les a si souvent énumérés qu'il est bien vain que je recommence. Sachez seulement que lorsque Renoir venait à Paris, nul n'était plus que lui assidu aux bals de la Closerie des Lilas et de Mabille, à la salle Valentino et à l'Elysée-Montmartre. C'était alors l'apothéose du « Cancan », gigotté par des professionnels payés par les établissements — et aussi par de pacifiques roquentins qui se sentaient tout à coup des fourmis dans les jambes, quand vibrait l'heure du piston et des cymbales! Et, aussi, que de joyeuses batteuses de rémolade chez ces danseuses dont le rire aux dents blanches fusait jusque sous les jupes!

Puis, l'été rebrûlait, la saison des bains en Seine, le défilé aux grenouillères de Bougival, de Chatou et de Croissy. Les actrices y accouraient très nombreuses, les canotiers y paradaient, les lions de l'époque y promenaient la culotte à pont, la longue jaquette et le haut haute-forme. C'était du dernier cri de reprendre là et d'envelopper d'un peignoir les jolies chairs roses d'une Judic, d'une Théo ou d'une Schneider. Après quoi on allait gobelotter et faire craquer sous la dent les fritures de Fournaise ou de Gratiot. Manet avait mis ces grenouillères à la mode,

C'étaient des rendez-vous charmants et gais. Par les très beaux temps, on ne voulait pas regagner Paris. On s'attardait à Bougival, surtout, tout le long de la Seine, et les restaurants, porte à porte, flambaient de toutes leurs lumières. Des cris, des rires, des chansons. Beaucoup de Parisiens avaient des vide-bouteilles sur la colline qui domine et borde le fleuve. Aussi, toutes les nuits de certains jours, on n'entendait que les flonflons d'*Orphée aux enfers* ou de *la Belle Hélène*. On ne voyait pas toujours Offenbach, sa caricaturale figure de juif génial, aux favoris en broussailles ; mais on se doutait bien qu'il était là, fouaillant de son bâton la danse, à entendre les cris, les claquements des talons, les bonds, les trémoussements et les sautes de cul de toutes ces *Péricholes* et autres *Duchesses de Gerolstein*, affolées, enragées par les bouchons de vin de Champagne, lâchés en vibrantes détonations au plein des fesses et des tétons...

Fracassants quadrilles, valses éperdues, mazurkas langoureuses que vinrent entendre et savourer également nos voisins les Prussiens, aux beaux soirs de l'Exposition universelle de 1867 — et qu'une chromolithographie trop connue met en scène ainsi :

Au premier rang, Napoléon III, toutes moustache et barbiche cirées, effilées — et Eugénie de Montijo, jolie à souhait, souriante comme toutes les Grâces réunies.

Au second plan, *sur un seul rang*, Guillaume Ier de Hohenzollern, roi aux yeux de vautour et aux lourds favoris ; Bismarck, tête de dogue sous la casquette historique, ministre aux paupières pesantes, — et lui si massif ! — de Moltke, vieille femme toute rasée aux oreilles en escalope.

La Proie, c'est Paris... derrière ; c'est Paris, fond du décor !

1870. La guerre va tonner.

Parmi les hôtes du café Guerbois, voici, alors, sans tarder, pour quelques-uns, les dispositions prises :

Pissarro, né, lui, aux Antilles danoises, se réfugie à Londres;

Monet, à Amsterdam;

Zola, à Bordeaux;

Manet est nommé officier dans l'état-major de la garde nationale;

Sisley, né de père et de mère anglais, campe à Voisins, près Marly-le-Roy;

Cézanne va peindre à l'Estaque, près Marseille;

Bazille est tué le 20 novembre 1870, à la bataille de Beaune-la-Rolande (Loiret);

Quant à Renoir, il est incorporé dans un régiment de cuirassiers ! dit un A. D. L. P. H. (*ami de la première heure*); Non! dans un régiment de chasseurs à cheval! dit un A. D. L. D. H. (*ami de la dernière heure.*) Toutefois, les deux amis s'accordent ensuite

BAIGNEUSE AU BRACELET

pour dire que Renoir fut bientôt dirigé sur Bordeaux, et, de là, immatriculé à Tarbes, dans un dépôt de remonte.

La guerre terminée, Renoir revint à Paris — où il prit d'abord un atelier rue Visconti ; puis, l'ayant quitté, il s'installa rue du Dragon, autre rue de la rive gauche, qui lui rappelait la rue d'un de ses premiers logis, près de la gare Montparnasse.

C'est là que le surprit l'insurrection du 18 mars 1871, autrement dite l'insurrection de la Commune.

Je dois dire tout de suite que Renoir n'a aucun goût à se mêler à ce mouvement de justice, même pas théâtralement comme Courbet.

Il connaît un des chefs de la Commune — Raoul Rigault, — Raoul Rigault, délégué à l'ex-préfecture de police, qui deviendra, quelques jours plus tard, Procureur général de la Commune. Renoir obtient de Rigault un « laisser-passer » pour quitter Paris; et il rejoint sans délai ses parents, installés à Louveciennes.

On sait, généralement, la suite et la fin de la lamentable histoire. Poussés à bout par les Versaillais, qui entrent en féroces massacreurs dans Paris, les fédérés brûlent la Cour des Comptes, les Tuileries, l'Hôtel de Ville, l'Hôtel de la Légion-d'honneur; établissements d'une laideur insigne et que, dans son livre : *Certains*, J.-K. Huysmans déclare moins laids quand ils sont « cuits ».

Mais — sous les yeux des Prussiens victorieux qui ricanent — il faut livrer la dernière bataille. Les généraux de Ladmirault, Courtot de Cissey, du Barail, Félix Douay, Clinchant, Vinoy et Mac-Mahon, acceptent de « marcher contre les fédérés », — armée redoutable et exercée, composée de quelques centaines de pauvres bougres sans armes, de femmes et d'enfants. La Commune est vaincue. « *L'ordre est rétabli!* » *(sic)* confirme, quelque part, M. Ambroise Vollard, historien d'art. Je sais, je sais bien que M. Ambroise Vollard est un bon bougre, malgré tout! — mais, tout de même, je crois qu'en lisant *cela*, vous eussiez rugi encore votre « *hénaurme* »! ô Gustave Flaubert!

Tous les nouveaux émigrés alors reparaissent — et Renoir vient camper dans un atelier de la rue Notre-Dame-des-Champs. Il y peindra des portraits, des décorations, même des cavaliers; — et, l'été de 1871, on eût pu le rencontrer à la *Celle-Saint-Cloud*, toujours, ainsi que le nom l'indique, dans ce département de Seine-et-Oise, qu'il affectionne tant!

IV

L'atelier de la rue Saint-Georges

L'ATELIER DE LA RUE SAINT-GEORGES

En 1873, Renoir passait l'eau, définitive-
ment; et il louait un atelier rue Saint-
Georges, dans le neuvième arrondissement.
Il quittait la province pour Paris, étant las
de toutes ces rues si mornes de la rive
gauche, de toutes ces rues à couvents, silen-
cieuses, froides, — où il ne s'était jamais
senti lui-même.

Il allait pouvoir travailler plus à l'aise.
Par ses amis Manet et Monet, il venait de
connaître le marchand de tableaux Durand-
Ruel, qui avait déjà acheté certaines de ces

œuvres, que la presse et les ricanements
du public cataloguaient sous ces mots :
tableaux impressionnistes. Ensuite, par les
uns et les autres camarades, par les expositions successives, malgré les tempêtes de
rire des journaux et les vociférations du
public, des amateurs avaient osé aussi
acheter et achetaient encore quelques-uns
de ces tableaux maudits. Parmi ces amateurs, on citait les plus notoires : Faure, le
baryton de l'Opéra, toujours mécontent
d'abord, puis, au bout du compte, très heureux des toiles qu'il emportait ; Théodore
Duret, le premier critique qui avait bataillé
pour la petite phalange impressionniste,
dont Renoir, bien entendu, faisait partie ;
de Bellio, le « gentilhomme » roumain, qui
achetait sans trop regarder l'œuvre ; Choquet,
le plus passionné de tous les amoureux
d'art ; Gustave Caillebotte, peintre lui-même,
qui « dilapidait », en achats de tableaux, la

BAIGNEUSE SUR FOND D'ARBRES

majeure partie de ses enviables ressources.

Peintres et amateurs de cette nouvelle « École » se réunissaient maintenant au café de la Nouvelle-Athènes, place Pigalle. On avait abandonné le café Guerbois, devenu trop petit pour les « adhérents » de plus en plus nombreux. On retrouvait à la Nouvelle-Athènes : Duranty, Théodore Duret, Degas, Manet, Pissarro, Desboutin. Il y avait des nouveaux venus : Norbert Gœneutte, le peintre des Montmartroises, — Frédéric Cordey, l'Epicure du groupe, — Zandomeneghi, fier comme un Doge, — Henri Gervex, qui semblait devoir être le vrai peintre de la vie moderne, — Charles Cros, génial inventeur et poète magnifique, — Cabaner, homme candide, mais dès qu'il parlait musique, se gonflant jusqu'à réunir en lui compositeur : Bach et Beethoven, Schumann et Wagner. Moins souvent apparaissaient Bracquemond, le graveur si coloriste, —

Lépine, le peintre des quais de Paris, — de Nittis, l'interprète des élégances, — Gaston Latouche, le peintre des « intérieurs », — Boudin, le « marinier », — Guillaumin, le doux homme, — Cézanne, le solitaire, — et enfin, Renoir, le rougissant.

Tous ces peintres montraient leurs œuvres dans des locaux de fortune, tentaient des ventes à l'Hôtel Drouot; mais les résultats en restaient précaires.

Renoir, peut-être de tous les Impressionnistes le plus sage, attendait son heure, patiemment. Et, cependant, jeunes hommes, dont les pères furent parmi les plus coléreux insulteurs, rêvez devant quelques titres de tableaux de Renoir, de cette période-là : *La loge; l'Amazone; la Danseuse; Portrait de Mlle Legrand; Portrait de Mlle Durand-Ruel; la Grenouillère; Sur l'herbe; Portrait de M. Choquet*, etc.

J'ai écrit tout à l'heure, je crois : le rougissant Renoir. Rien n'était plus exact. Les emballements de critiques trop littéraires le laissaient confus, mal à l'aise. On peut déjà écrire ici que si un peintre a aimé passionnément la peinture *pour elle seule,* pour l'unique joie de peindre, ne se souciant de rien en dehors, vraiment insensible à tout ce qui n'était pas la couleur, c'est bien Renoir. Paralysé de bonne heure, — du moment qu'il put jusqu'à son dernier souffle remuer un pinceau, le tenir par des moyens inimaginables, rien ne l'affecta ; et, en souriant, il accueillit tous ses maux comme un saint appelle les dernières tortures de son martyre. Un jour, il me disait, à moi qui ne fus pour pour lui ni un *A. D. L. D. H.* ni un *A. D. L. P. H. (voir les pages antérieures, si cela vous plaît)* qu'une des raisons, peut-être la meilleure, qui l'avait uni à Daudet (il détestait Zola et Edmond de Goncourt), c'était la résignation de cet écrivain, le mépris de son mal, alors qu'il était assis devant une page blanche, cette inspiratrice ! — « et le meilleur de mes souvenirs, m'ajoutait Renoir, c'est, peut-être, le mois que j'ai passé chez Daudet, dans la petite propriété qu'il possédait à Champrosay. »

La poste est Champrosay, par Draveil (Seine-et-Oise). Mais vous connaissez sûrement ce trop joli village, qui s'est installé au sommet d'une colline au pied de laquelle festonne la Seine. Déjà, le grand Delacroix avait pu mander par une lettre à un ami (23 septembre 1862) : «... Je suis ici dans une coquette campagne. Champrosay est un village d'opéra-comique; on n'y voit que des élégants ou des paysans qui ont l'air d'avoir fait leur toilette dans la coulisse; la nature elle-même y semble fardée; je suis offusqué de tous ces jardinets et de ces petites maisons arrangés par des Parisiens... »

Edmond de Goncourt, Zola, Raffaëlli et autres raseurs « s'amenaient » comme mouches, presque tous les dimanches, à Champrosay, sans pitié pour le pauvre Daudet. Edmond de Goncourt y parlait de ses « fours »; Zola vantait le nombre important de ses « tirages »; — et Raffaëlli célébrait le « beau caractériste ». Heureusement, Renoir s'y trouva seul tout un mois. Il y a de ces grâces pour les bons garçons timides.

S'écartant ainsi, par échappées, à peu près de tous ses camarades, c'est de cette manière que Renoir vint un jour à Montmartre, pour y peindre plusieurs toiles : *La balançoire,* — *Le bal du Moulin de la Galette* et *des Portraits.*

On trouvait alors, sur la Butte, de charmants logis avec des jardinets, pleins d'arbres et de fleurs. On voyait aussi des moulins : trois, si je me souviens bien ! Le plus gros reste bloqué là-haut : c'est le Moulin de la Galette.

Renoir chercha un logement pour peindre les tableaux qu'il avait en tête; il le débusqua rue Cortot. C'est une curieuse rue; c'était une plus curieuse rue du temps qu'elle ne baptisait collectivement que des maisons crevassées, lézardées, une chaussée de pavés rébarbatifs à s'y démolir les rotules, surtout quand on entreprenait de descendre vers la rue des Saules ; — et quel éclairage public, qui n'était pour tout et en tout qu'une lanterne à huile, se manœuvrant à l'aide d'une poulie!

Ne voulant plus redescendre dans Paris, Renoir prenait ses repas soit au *Lapin à Gill*, soit au *Franc buveur, chez Olivier*. Tonnelles romantiques, jeu de la grenouille, balançoire — et des musiques qui savaient y pleurer parfois — ou vous galvaniser les jambes.

Ce logement loué par Renoir! Je devais le

louer moi-même plus tard, pendant la guerre — pour y faire peindre une petite colonie d'artistes. L'héroïque Madame Sembat m'avait « délégué à cette fonction », au nom de la « Fraternité des Artistes ». Vous souvenez-vous, Suzanne Valadon, André Utter (revenu blessé du front de guerre), Maurice Utrillo — et quelques autres ?

Valadon m'y parla beaucoup de Renoir, dont elle avait été le « modèle » le plus « accepté », peut-être ; et, à côté des aigres mais si personnelles toiles d'Utter, pas gâté alors par les propos de tant de métèques, — Maurice Utrillo, candide, à l'esprit si pur, trouvait dans les accalmies de son ivrognerie, le temps et les moyens de peindre d'émouvants chefs-d'œuvre...

Cette maison, où nous étions, c'était celle qu'avait habitée Rose de Rosimond, comédien de la troupe de Molière. Dans ce temps-là, on disait : *la troupe* parce qu'on avait la foi et souvent du génie. Maintenant, on dit : *La Compagnie*, paraît-il ! C'est plus relevé ; c'est de la sottise en branche !

Est-elle pittoresque, cette maison de Rose de Rosimond ! Valadon l'a peinte souvent, en lui donnant toute sa tonalité de vieil ivoire ; en bossuant, en soulevant ici et là son vénérable toit de tuiles couleur chaudron. Palpite-t-elle assez encore cette brave demeure où l'on apprit sans doute bien des scènes du divin Molière ! Y répéta-t-on *le Misanthrope* ou *l'Avare*, *Tartufe* ou *le Bourgeois gentilhomme* ou *l'Ecole des femmes* ou bien les *Fourberies de Scapin* ? On n'a pas grand' chose changé dans la caduque maison ; mais ce sont les entours, tout le Paris des fumées, des usines, Clichy, Saint-Ouen, Saint-Denis, Aubervilliers, La Villette, Pantin, tout le chaos, tout le halètement de la puissante ville laborieuse qui accourt battre les pieds de la maison débile, en charriant du bruit, de

BAIGNEUSE

dévorantes odeurs et des nuages hostiles. Souvent, pendant la guerre, dans la nuit, les avons-nous assez suivis ici les zeppelins d'abord, et les gothas ensuite ; — puis, tout à côté, sous les vitres de votre atelier, Valadon ; — et c'est vous, les femmes, n'est-ce-pas, Mauricia de Thiers, qui redressiez vos belles gueules de colère contre la chose stupide, lâchement féroce qui traînait là-haut?...

Renoir, au temps plus heureux du monde, peignit donc ici *La balançoire* et *le Bal du Moulin de la Galette*.

Comme je rends grâce aux dieux de n'avoir pas à décrire ces deux incomparables toiles, la dernière surtout — où tant de gaîté, tant de charme, tant de soleil — soleil des yeux, des bouches, des délicates oreilles — foisonnent! On a bien fait de les « populariser » par la reproduction, — de toutes les manières. Pour ces chefs-d'œuvre, Renoir vint chercher ses jolis « modèles » au Moulin de la Galette, au bal même, autour des tables, dans le jardin où, dans le vide, Paris, par les beaux soirs d'été, flamboie, s'étire sous une immense voûte d'étoiles ; — et, pour récompenser les jolies filles, il leur offrait des chapeaux fleuris, des bouquets de roses, tout ce qu'il aima le mieux dans son inimitable vie !...

Ces joies-là, il ne les retrouvait pas, quand il était contraint d'aller, comme il disait, « dans le monde ». Assurément, on croit volontiers que ces corvées sont nécessaires ; et on se laisse traîner dans trop de salons où l'on s'ennuie ; où l'on retrouve toujours les mêmes vils figurants, les mêmes radoteurs candidats aux Instituts. Mais il était bien tenu de peindre *Le salon de Madame Charpentier*; *la famille Bérard* et certains autres tableaux quasi officiels.

Alors, cela fait, Renoir reprit doucement sa boîte à couleurs; — et il se replongea dans la rue, dans la vie, en représentant *les grands boulevards*; *la place Pigalle*; *la place Clichy*; *la place de la Trinité*.

Là, au moins, il le voyait, le troupeau humain. Il le voyait, composé d'hommes, d'enfants et de femmes; il le voyait s'augmentant d'un autre troupeau, celui des quadrupèdes : chiens, chevaux et ânes, s'accroissant aussi de la smalah des accessoires: omnibus, charrettes, voitures de livraison, petites voitures des quatre saisons, corbillards et landaus de noces. Et tout cela, par beau temps, toujours par beau temps (car Renoir avait en horreur la neige), tout cela cassepétait, grouillait, se bousculait, se heurtait, quadrillait, dansait, valsait, polkait. C'était la rue, la rue, la rue de Paris où tout est mouvement, où tous les yeux dévorent, — ou flasques, s'endorment; la rue, où toutes

les bouches s'égayent ou se crispent; où tous
les espoirs se serrent ou se dilatent; — la
rue, où tout bavarde, pleure ou chante; la
rue des bonimenteurs, des réparateurs de
porcelaines; la rue où la jolie fille cherche un
ami; la vieille taulière, un jeune amant; la
rue, la rue, la rue, où le claque-patin avale
les rôts des ventres pleins; où les ivrognes
chantent le soleil, où les chiens aboient ou
se flairent le cul; la rue où les agents se bala-
dent; où les cochers s'engueulent; la rue où
tout pue, où tout sent bon, la rue où toutes
les boutiques bâillent, pleines de feu, offrant
chaussures, cravates, chemises, cannes et
chapeaux; la rue, où, bêtes et humains, tout
le monde pète, crache, chie, pisse; la rue qui
est héroïque ou taffeuse; la rue avec ses
cafés, ses étalages, ses bistros, ses affiches,
ses enseignes; la rue avec toutes ses fleurs;
la rue avec tous ses excréments; la rue, la
rue, la rue!.....

A ce moment-là de sa vie, Renoir, ingambe, peut se transporter partout. C'est pourquoi il peint la rue, l'eau, les bals.

Et c'est ainsi qu'il peindra une autre de ses importantes toiles : *Le déjeuner des canotiers*.

Vive la photographie qui a aussi reproduit tant de fois ce grand tableau si vivant, si composé, si plein de jeunesse !

Ah ! le beau temps des « canotades », des folies d'Asnières, d'Argenteuil et de la Grande-Jatte ! C'est à pleurer quand on voit le peu qu'il en reste ! Certainement, il subsiste de robustes et actifs clubs d'aviron ; mais c'est Titine ramant avec Cachalot que je regrette ! Sur les lacs du Bois de Boulogne, par exemple, est-ce mou, est-ce flasque, est-ce débandé, ce pauvre couple qui cafouille au milieu des canards ? Ça s'en va au fil de l'eau, ça ne crie pas, ça ne chante même pas ! Et ces manches retroussées de coiffeur ! Ça se soulage chaque fois que ça fait un effort ; ça tourne dans un petit rond ; ça, une « canotade » ? ah ! la mirérable petite chose !

Voyez, dans *Le déjeuner des canotiers*, les savoureuses garces et les vigoureux jeunes hommes. L'aviron grinçait de bonheur ; toute la membrure de l'outrigger vibrait, quand il coupait l'eau, doucement, mais rapidement, manœuvré par un de ces gaillards-là. Voilà une des **expressions du beau rut humain !**...

V

Voyages

Photo Durand-Ruel

BAIGNEUSE ENDORMIE

VOYAGES

Si jamais quelqu'un fit bien de profiter de
la maturité de sa vie pour voyager, ce fut
Renoir; car, bientôt, les rhumatismes allaient
devenir pour lui un rude obstacle à tout
déplacement important.

Aussi, à partir de l'année 1881, est-il par
monts et par vaux, visitant l'Italie, plus som-
mairement l'Algérie, ne s'émerveillant guère
à bien dire au delà d'un enthousiasme de
commande. Sans doute, il prend goût à
Naples, à Venise et à certaines villes italiennes
qui ont une saveur personnelle; mais Rome

l'ennuie, tellement ça sent la cléricaille ; et puis toutes ces églises, tous ces encens, tous ces musées, tout cet amas d'incontestables mais trop souvent ennuyeux chefs-d'œuvre, l'accablent. Il regarde beaucoup ; mais il travaille peu. A Palerme, il peut joindre Richard Wagner et il fait son portrait. Les deux artistes se quittent avec une parfaite indifférence de part et d'autre. En somme, c'est Venise, où il revient, qui l'a le mieux requis. Il en rapporte quelques *Figures nues*, une *Esquisse du Grand Canal*, des *Gondoles*, le *Palais des Doges* et la *Place Saint-Marc*. Carpaccio, assure-t-il, l'a ravi. D'un second voyage en Algérie, il rapporte également quelques toiles : des *Femmes d'Alger*, un *Porteur arabe de Biskra*, des *Mosquées*, une *Fantasia*. Plus tard, il passe en Espagne, avec un médiocre compagnon de voyage, il est vrai ; et cela le dégoûte de ce pays. Assurément rayonne aussi là-bas un dieu : Velaz-

quez ; mais il faut pour qu'il ne s'attriste
point trop, qu'il trouve toujours de la chair,
des étoffes colorées et une végétation abondante. Un jour, il se demande ce qu'il est
allé faire en Allemagne, à Londres et en
Hollande.

Il est bon pour sa tranquillité d'esprit
qu'il en soit ainsi; car ses rhumatismes, de
plus en plus cruels, vont se charger de le
retenir en France. Un jour, il me dit :
« Allez! Je me suis bien plus distrait en
France que partout ailleurs. Je n'ai pas
besoin de beaucoup de commodités; mais
encore m'en faut-il quelques-unes; et les
sacrés pays, dont je ne sais même pas la
langue, m'ont toujours fait peur. On y est
au-dessous de l'idiot indigène; et, vous
savez, pour moi qui ne suis qu'un peintre,
et qui crois l'être passionnément, je n'ai pas
besoin d'aller si loin pour y trouver, quoi,
du reste, des sujets et des motifs *exotiques*.

Oui, maintenant, c'est cet *exotisme* que je n'aime plus, depuis trop longtemps déjà, par surcroît. Je me suis plus réjoui à Berneval, au bord de la Manche, ou à Guernesey, ou bien encore à Varengeville et à Wargemont, chez les Bérard, qu'à Florence; me suis-je embêté, surtout, dans cette sacrée ville-musée, où l'on marche tout le temps dans de l'architecture, de la sculpture et de la peinture! *J'ai voulu tout voir*, moi aussi; mais je le regrette mon voyage; et des villes comme Padoue, c'est ça qui n'est pas gai! Shakespeare a bien fait d'écrire ses *Amants de Vérone*, sans y aller voir! Et puis on ne sait comment choisir son heure pour regarder; de jour et de nuit, on tombe sur des caravanes d'imbéciles, sur des hordes de touristes, qui, par leurs cris, leurs éclats de voix, vous gâtent le peu de plaisir que vous pourriez trouver à considérer des ruines. En Italie, s'il y a de hauts maîtres, tout pour moi se présente comme des *ruines*, — comme des ruines d'art, si je peux dire, maintenant qu'on associe à tout, même à des cheveux postiches, ce dernier mot... Au fond, je ne comprends les voyages que pour les fonctionnaires retenus onze mois par an sur leur rond-de-cuir. Voyez Cézanne, il est plus raisonnable que nous tous! Est-ce qu'il se déplace, lui? De Paris à sa ville d'Aix, de sa ville d'Aix à Paris! Ça ne l'empêche pas de faire de la peinture plus belle, plus étrange, plus puissante que la nôtre! Les musées, c'est de la foutaise; on y perd son temps; il ne faut rien acquérir de seconde main. On ne manquera pas de dire, quant à moi, que mes voyages m'ont fait évoluer picturalement; tant pis pour moi, si c'est vrai!... Je n'avais qu'à regarder très vite les tableaux, et la nature d'une manière plus approfondie! ».

— Peut-être, demandai-je à Renoir, vous

êtes, vous aussi, pour la non-existence des musées ?

— Certes, oui! me dit-il. Je vous assure qu'un tableau n'a de chance de *faire bien* que lorsqu'il est seul. Dès que vous lui imposez un voisinage trop immédiat avec un autre tableau, vous l'abîmez, — pour mieux dire, vous diminuez l'emprise de chacun d'eux. Sans doute, je n'ai pas toujours pensé de cette manière; mais Courbet et Corot m'ont fait, depuis mes débuts, longuement réfléchir. Ils ont bien tout sorti de la nature et d'eux-mêmes, ces gaillards-là!

— Alors, vous êtes résolu à ne plus voyager?

— Assurément! J'ai déjà trop perdu de temps; maintenant il faut que je peigne de la chair, des costumes, des paysages — tout cela, la première chose venue, — tant que je pourrai!

Au fond, ce qu'il fallait déjà retenir, c'était

l'aversion de plus en plus marquée de Renoir pour tout ce qui touchait aux voyages hors de France, pour *l'exotisme* ; — mot qui pour lui engloba bientôt tout ce qui n'était pas absolument français !

Aussi, ne fallut-il plus lui parler de Vincent Van Gogh ou de Gauguin. Il les détestait franchement tous les deux, comme il détestait les Japonais, comme il détestait de plus en plus Edmond de Goncourt, passionné d'estampes du Nippon. Et, alors, ce Renoir, il se montrait rageur, mal embouché, oui, peu aimable avec ceux qui défendaient peu ou prou l'art étranger.

Mon Dieu ! Je peux bien écrire qu'il n'aimait que lui-même et *sa* peinture. Il ne s'entendait guère avec ses camarades, les Impressionnistes. Dans son atelier de la rue Saint-Georges, passaient bien des gens ; mais c'étaient seulement ses « modèles » qu'il recevait avec plaisir ; *modèles femmes*, car l'homme ne l'intéressait point.

Suzanne Valadon (qui n'a jamais posé dans cet atelier-là), mais qui venait voir Renoir souvent, m'a répété avec quel bonheur renouvelé il travaillait, dès qu'il possédait des tétons, des fesses et des ventres à portée de sa main.

Il allumait une cigarette, la laissait aussitôt s'éteindre; et de sa « belle voix de ténor, à moins que ce ne fût de baryton », reconnu par les « Amis de L. P. H. et de L. D. H. », il poussait alors la romance à la mode, apportée par un de ses « modèles ». Une « scie » qui « tint longtemps l'affiche », ce fut la *Chanson des blés d'or*; et sa petite voix de tête « en donnait », bruyante au refrain :

« Mignonne, quand le soir descendra sur la terre,
« Et que le rossignol viendra chanter encor,
« Quand le vent soufflera sur la verte bruyère,
« Nous irons écouter la chanson des blés d'or! (bis)

Son atelier ne se différenciait guère des ate-

FEMME NUE A LA FONTAINE

liers de ses camarades. On laissait aux ateliers des peintres officiels le soin de collectionner des selles de mamelouk, des décorations de mamamouchi, des lances orientales, des guéridons de nacre, des calumets d'Indiens, des vestes de toreador, des chapeaux à plumes, des bottes de conducteurs de diligence, des narghilés du grand Turc. Chez Renoir, beaucoup de chapeaux de femmes, quelques étoffes rares, des colliers à gros grains, servaient à ses « modèles », les pavoisaient de bleu, de jaune, de rouge, composaient ça et là, sur des têtes jolies ou sur des divans, comme autant de précieuses corbeilles, délicatement multicolores.....

VI

Renoir installé à Montmartre

RENOIR INSTALLE A MONTMARTRE

Renoir a pris goût à Montmartre. En l'année 1883, bien avant la plupart de ses
voyages, il a quitté son atelier de la rue
Saint-Georges; et il est venu s'installer dans
cette sorte de ruche que l'on appelle le
« bateau-lavoir », presque toute bâtie en
planches, et sise en contre-bas de la place
de Ravignan. Cette ruche ne contient que
des ateliers pour artistes-peintres ou sculp-
teurs. Le séjour de Renoir l'immortalise;
mais nous y avons vu « passer » Gauguin — et

mieux connu Picasso et Paco Durrio. Un temps, Théo Wagner, l'athlète et le peintre, célébré par Huysmans, dans *Certains*, vint y exécuter ses tableaux-fantômes — et de splendides exercices au trapèze qui enthousiasmèrent Valadon. Car c'est précisément dans un de ces ateliers-là que Valadon, déjà modèle chez Puvis de Chavannes, et devenue artiste-peintre à son tour, commença, vers 1885, de poser pour Renoir (*La danse à la ville*; *une Danse à la campagne*.) Renoir avait son appartement non loin de là, rue Durantin.

Je vois souvent Suzanne Valadon. Cette admirable femme-peintre m'enchante d'abord par ses œuvres; — et puis, nous avons, en trésor commun, bien des souvenirs sur les peintres d'hier : Degas, Lautrec, Renoir, Puvis de Chavannes. Souvent, nous échangeons nos souvenirs. C'est elle aujourd'hui que je laisse parler, comme ça lui vient —, même si elle sait que je *sais*, moi aussi. Elle me raconte :

« J'ai connu Renoir, rue Saint-Georges ; mais je n'ai pas posé là. Je lui fus présentée par un de ses modèles, qu'il garda long-temps, une nommée Nini Gérard, ex-teintu-rière, qui demeurait rue des Abbesses. Nini Gérard était blonde et forte.

« Bientôt Renoir quitta l'atelier trop exigu de la place de Ravignan, pour s'installer boule-vard de Rochechouart, près la place d'Anvers ; et il prit, au même moment, rue de la Barre, un autre atelier dans une bicoque aujourd'hui démolie.

« Je lui posais des figures habillées, en plein soleil, dans l'herbe, tête nue ou coiffée de chapeaux très fleuris. Des nus également. Ce fut une période très colorée. Il commença ses *Baigneuses* en haine du laid costume féminin de cette époque (Rappelez-vous les femmes immortalisées par Seurat :

corsage serré et faux-cul proéminent).

« Puis, du boulevard Rochechouart, Renoir occupa un premier atelier rue Caulaincourt, puis un second sur le même boulevard, celui, dans le fond du jardin, où vous avez connu Steinlen.

« Je ne posais plus alors pour Renoir. J'appartenais tout entière à mon fils Maurice Utrillo et à ma peinture, deux sacrées choses que j'adore, mais deux sacrés emmerdements aussi, vous pouvez me croire !

« Renoir gardait un vif amour pour les chapeaux de femmes. Il m'en mit des tas sur la tête. J'avais alors des cheveux très blonds, dorés. Mes sourcils et mes cils très noirs. Mes yeux d'un bleu de Sèvres. Tout cela l'irritait, me répétait-il.

« Avant de peindre, il esquissait, mais vite, ne poussait pas; il se débrouillait tout de suite avec la couleur. A ce moment-là, il peignait sur des toiles à grain, mais très fines,

BAIGNEUSE ASSISE

très serrées. Il achetait ses couleurs chez Edouard. Ses toiles étaient très émaillées.

« Il travaillait longtemps, plusieurs choses en même temps. Peignait vite. Sur la même toile, souvent des petites choses à côté. Il était très vivant. Sa tête, maigre, déjà toute ridée. Barbe de chèvre. Il n'était pas beau, mais j'adorais sortir avec lui. Il souffrait déjà de ses rhumatismes, prenait des tas de médicaments.

« Il ne buvait pas. Il fumait un peu en travaillant. Ses yeux étaient perçants, bleus (avec une petite prunelle se dilatant peu).

« Il m'emmenait chez les modistes ; il ne cessait pas d'acheter beaucoup de chapeaux. Pour les gants blancs de *La Danse à la ville* (que j'ai posée), comme j'avais des mains de fillette et qu'il les fallait longs, nous les commandâmes ensemble dans une maison de la rue d'Amsterdam, après avoir couru tout Paris.

« Renoir — rappelez-vous — n'était pas religieux, pas croyant. Il s'habillait proprement, mais sans recherche, sans élégance.

« Il avait beaucoup d'amateurs et de l'argent. Une Américaine, très éprise de sa peinture, voulait lui acheter des terrains à Montmartre. »

Et, comme tout en parlant, nous regardons avec Valadon un album, plein de reproductions de tableaux de Renoir, elle me jette tout à coup : « Tiens, *La Natte!* C'est bien moi; je m'étais collé du cosmétique! C'est serré, hein? C'est ce que les amateurs et les critiques appellent *la période ingresque!* ». Et Valadon a un franc éclat de rire.

Valadon, qui n'a jamais quitté Montmartre (même quand elle habitait à Montmagny, elle avait un atelier rue Cortot), comprit comme Renoir, comprend mieux que moi, qui l'adore, tout le vif attrait de la Butte.

Que de notes, j'ai prises là ! J'en ai plein un album ; et, de temps en temps, il faut bien que je « case » quelque chose de tout ce travail. Aujourd'hui, je viens vous donner (juin 1923) un panorama de Paris, vu de la rue Lamarck qui tourne autour du Sacré-Cœur. Dans l'axe et aux pieds de la Basilique. Dans cette brume du soleil, Paris énorme. Les maisons des premiers plans comptent. Le reste, comme un entassement de cailloux, mer désertée, l'eau retirée, d'où émergent — pointes d'épaves — les dômes, les clochers pointus, carrés ou ronds. L'Opéra, le Panthéon, Notre-Dame, Saint-Eustache, la Trinité, les Invalides, les tours jumelles de Saint-Vincent de Paul, les tours de Saint-Sulpice, l'Hôtel de Ville. Sur toute cette grisaille, noyée de brume, de fumées — et tragique sur le fond gauche (bande confuse, opaque, ardoisée fortement), se dresse, au premier plan, devant le square Saint-Pierre (plein de gosses et de femmes), une haute, très haute cheminée d'usine, — monstre en érection, symbole! En se retournant, le Sacré-Cœur, blanc, présomptueux, — et, à sa gauche, l'ancienne petite église Saint-Pierre, basse, humble, au toit de tuiles.

Les fumées s'abattent sur Paris. Les fonds deviennent confus, s'épaississent d'un instant à un autre. Pas de verdure. Sur les toits, les couvercles de tuiles des cheminées, comme autant de pots à fleurs sans fleurs. Les jolies taches de couleur des robes d'enfants (dans le square Saint-Pierre), les orangés, les verts jade, les bleus, les vermillons, — les noirs, si petits de surface, s'affirment tellement, pourtant.

Ciel nuageux, d'où éclairage différent d'un moment à l'autre. Fond général ardoisé. Les fumées restent en suspens. Je ne vois pas la tour Eiffel, cachée par un haut immeuble, sur la droite.

Par instants, le soleil sort d'un nuage, éclaire d'une nappe lumineuse le vaste tas de cailloux aux innombrables pots à taches rouges (tuiles des cheminées).

Presque tout est couvert en zinc, quelques ardoises. Cela donne la tristesse, la monotonie lugubre.

Au bas du square Saint-Pierre (en contre-bas de la Butte), des petites communiantes toutes blanches glissent devant la haute cheminée d'usine, verge frénétiquement dardée. La verge de Paris !

Ah! ce Montmartre admirable!... Celui, aussi, plus admirable d'hier, que connut Renoir. Tout de grands arbres, de murs caducs, de maisons anciennes, — un Montmartre historique retourné à la nature.

L'éloquente vétusté de toutes ces pierres,

de ces venelles aux murs moussus, à contre-forts.

Des arbres splendides, d'autres retombants et secs aussi, comme les coiffeurs, autrefois, en représentaient en cheveux dans leurs cadres ovales et de bois noir.

On voyait des fermes, des vaches — et tout était vêtu d'herbes, de sycomores, de figuiers et d'acacias.

C'est vers 1895 que je retrouvai Renoir, installé au *Château des Brouillards*, qu'un « ami de L. P. H. » place « au sommet de la Butte ».

Il existe toujours, ce château. C'est une vaste maison bourgeoise, avec petit fronton central ; et se repose devant elle un jardin avec kiosques, où dorment des chats, où roucoulent des pigeons. De là, montent la rue Girardon et la rue de l'Abreuvoir ; et, en face de la demeure au menu fronton central, s'élève une autre sénile maison, tout en longueur. Tout cela compose le château des Brouillards.

Dans le temps passé, il fut ici un établissement chorégraphique à la grande vogue. Aujourd'hui, seules, les concierges des entours y donnent des meetings révolutionnaires contre la vie chère. Les gamines du quartier y organisent, elles, parfois, des rondes, qui appellent à grands cris le pont coupé d'Avignon ou la tour penchée de Monsieur de Marlborough. Ces gamines aigrelettes, au petit pantalon heureusement fermé, ont un sens plus aigu des souvenirs.

Renoir aimait à rôder dans ce Montmartre, si hospitalier. Quand il disait qu'il croyait bien avoir peint toutes les femmes de la Butte, il n'était peut-être pas très loin de la vérité C'est que nul village ne peut être comparé à ce quartier bon enfant, où l'on aime toute fantaisie et toute gaîté...

Que d'années, au bon été, j'ai moi-même
vécues là-haut, au temps de ma vie légère !
On dînait au *Coucou*, chez Vincent ; au
Clairon de Sébastopol, chez Spihlmann ; au
Sommet de la Capitale ; au Lapin agile ou
chez Adèle. De fastueuses filles montaient
nous y retrouver — ou nous nous contentions
de nos amies du Moulin de la Galette, de nos
Titines et de nos Nanas, qui, souvent, man-
quaient l'atelier, en invoquant une maladie
de la « chère tante » ou du « pauvre petit
frère » ! Quelquefois, très sages, tous, on se
contentait de traîner ses pas, la nuit, dans
la rue de la Bonne, dans la rue Tholozé,
dans la rue Norvins, dans la rue du Mont-
Cenis, où l'on s'arrêtait chez Marie Vizier.
Les rues Saint-Vincent, Saint-Rustique,
Saint-Eleuthère, du Baigneur, nous voyaient
passer et nous considéraient de leurs bons
yeux de chiens d'aveugles. On ne criait même
pas ; à quoi bon déranger des gens aussi

Photo Durand-Ruel

BAIGNEUSE VUE DE PROFIL

gentils que ces autochtones de [la Butte?
C'est chez Adèle — la vraie Adèle,
aujourd'hui morte terrestrement, mais logée
bien certainement par le goulaf Saint Pierre
dans la meilleure cuisine du Paradis, — c'est
chez la chère Adèle que l'on mangeait le
homard à l'américaine, le plus délectable
sans doute de tout Paris; et chez le barbu
Frédéric, du *Lapin*, l'on dégustait, par contre,
le vendredi, son incomparable soupe au
poisson, arrosée à la fin d'un odorant verre
de Mercurey. Pêle-mêle, nous vivions dans
tout cela, les camarades, dispersés un peu
partout à présent; et l'on se partageait
même nos femmes; car nous étions les pré-
curseurs de la libre République qui devait
être fondée plus tard à Montmartre.... Ne
plaisantez pas, l'une de nos chéries est
devenue la maîtresse, avec quatre automobiles et le reste, d'un de nos plus puissants
industriels; et que de sociétaires — les

« jolies » de la Comédie venaient, à tour de rôle, s'encanailler sur nos bancs et gueuler avec nous les chansons de nos pères, qui n'étaient pas (les chansons!)pour nos sœurs, je vous prie de le croire!....

Ces moments de Montmartre, ce furent, chez Renoir, plus sérieux que nous tous, des moments de puissante production. Que de toiles, petites ou grandes, cet homme put peindre, cela dépasse l'entendement.

Et moi-même, pourtant, comme tant d'autres — moins que tant d'autres, tout de même! — je l'ai souvent importuné. C'est en l'année 1899, que je l'ai vu le plus fréquemment, — alors qu'il était descendu de la Butte, pour s'installer rue de La Rochefoucauld. Il m'envoyait, se répétant, des lettres comme celle-ci :

Je n'allais à son atelier que très confus,
chaque fois. Que voulez-vous? Je ne suis
décidément ni un collectionneur ni un marchand; et, fréquemment, venu rue La Rochefoucauld pour voir Renoir, j'entrais d'abord
chez mon ami George Bottini, logé dans un
autre coin de cet immeuble, divisé en plusieurs parties, qui porte le n° 64.

Entré chez Bottini, je n'en sortais plus. Il savait me retenir en me montrant ses dessins, ses aquarelles, des peintures. Scènes de bar, coins de bal public, portraits de chanteuses, filles de maison, — tout cela était interprété par lui de la façon la plus originale et la plus spirituelle. Il dessinait assurément fort bien du bout de ses petits pinceaux trempés d'encre de Chine plus ou moins pâle. C'étaient toujours des arabesques expressives, décoratives, intelligentes. Le bon Edouard Kleinmann, aujourd'hui maire de Montmartre, le bon Kleinmann, installé alors marchand d'estampes, rue de la Victoire, n° 8, vendait pour peu d'argent des lithographies de Lautrec, de Willette, de Steinlen, d'H.-G. Ibels — et les aquarelles de Bottini. Regarder tout cela, en causant avec Kleinmann, c'était un des aimables moments de la journée de l'amateur averti. Ah! que l'espèce en est rare maintenant!

et surtout quel curieux homme c'était, ce George Bottini !

Petit, tout noir, menu, il s'habillait à la façon d'un entraîneur; il se faisait suivre d'un fox rageur; il prenait des leçons de boxe chez Charlemont; — et il terminait ses soirées au *Capitole*, rue Notre-Dame-de-Lorette.

Il a illustré mon petit livre : *Les Soupeuses;* — et, un peu plus tard, j'engageai Lorrain à lui confier *La Maison Philibert*. Il en a doublé l'intérêt.

Pauvre Bottini ! Il est mort, là-bas, chez les fous...

VII

Renoir passe l'été à Essoyes
et l'hiver dans le Midi

Photo Durand-Ruel

LE LEVER

RENOIR PASSE L'ÉTÉ A ESSOYES
ET L'HIVER DANS LE MIDI

Renoir, marié, — sa femme est originaire d'Essoyes, dans le département de l'Aube. C'est une commune assez importante qui se trouve près de Bar-sur-Seine et de la forêt de Clairvaux; — vaste forêt, si l'Ource qui passe à Essoyes, est une menue rivière.

Renoir vécut quelques étés à Essoyes. Bientôt, pour complaire à sa compagne, il y acheta même une maison. Ce silence des champs, de la forêt, lui plut. Il peignit, de ce pays champenois-bourguignon, des paysages, des vues d'Essoyes, des paysans dans les champs.

Ah! il ne suivit pas, enfin, les larmoyantes serinettes du grand tendre Jean-François Millet. Pas d'*Angelus*, plaquant soudainement en prière un couple de culs-terreux; pas d'*Homme à la houe*, prenant le ciel à témoin de son infortune; pas de *Travaux des champs*, tels que labourage, hersage, tonte des moutons. Non, Renoir s'en tint tout simplement à des paysans assis au bord d'une haie, sous une espèce de toit de verdure, et contents de vivre, femmes et hommes, les uns près des autres, avec des fleurs sur leurs chapeaux; — pas autrement importants, pas autrement des sujets caractéristiques de son œuvre. Il ne leur mit pas le verre à la main, — cela eût fait penser peut-être de loin à Raffaëlli ou à Pissarro; mais il leur donna des fleurs; — et j'avoue qu'un litre de vin rouge ou de vin blanc eût été mieux tout de même en situation pour les rares paysans champenois-bourguignons qu'il représenta durant quelques étés.

Voilà pour les étés ! Les hivers, Renoir, à dater d'une grave bronchite qui le saisit, en 1882, redouta de les passer à Paris. Puis, ses sacrés rhumatismes ne s'amélioraient décidément pas sous l'ordinaire temps parisien de ce moment de l'année : froid, pluie, brouillard et neige. Aussi, première indication qui pointe : s'installer dans le Midi, sous le soleil, pendant les méchants mois.

Renoir est à son aise, maintenant. Il peut « arranger » *sa*, ses manières de vivre. A Paris, on vient faire son plein de charbon, puis on repart. Mais, le Midi, quel Midi choisira-t-il ?

Il va tâtonner : le département du Var ou le département des Alpes-Maritimes. Celui-ci est incontestablement plus chaud que l'autre ; mais il **faut** s'acclimater dans ce Midi. Assez bizarrement, du reste, Renoir s'installe d'abord à Magagnosc (Alpes-Maritimes), hameau au-dessus de Grasse, par conséquent assez loin de la Méditerranée. Il peut aisément descendre à Grasse, à Cannes et à Antibes.

Au bout de deux hivers, Renoir jugea Magagnosc trop froid ; et il fut au Cannet. Il ne perdait pas à ce changement. Le Cannet est une commune au-dessus de Cannes. Des hauteurs, on découvre les superbes panoramas de Vallauris, Antibes, Nice. La douceur de l'atmosphère y est louable. C'est une véritable station hivernale, qui, grâce à ses collines boisées, est abritée complètement du mistral et du vent d'Est. Huit petits hameaux en ont fait autant de quartiers. On n'est pas au voisinage immédiat de la mer.

De là, Renoir s'installa à Beaulieu, entre

Villefranche et le Cap d'Ail. Au cours des hivers successifs, il rôde tout autour de Nice. Il va à Vence, à la Turbie, à Biot, à Saint-Laurent du Var, à Saint-Jeannet, à Antibes.

A Antibes !... Moi aussi, j'y fus à Antibes, et je ne m'en réjouis pas. Quels souvenirs !

Logé dans une *grande villa pour cinéma*, vous voyez le décor : observatoire, terrasse, jardin avec palmiers et cyprès, hélas ! au bord d'une route et, devant la terrasse, un terrain vague à la Raffaëlli, j'ai passé là les plus hargneux mois d'été de ma vie. J'y ai pris des notes ; en voici quelques-unes, vous jugerez :

Je me souvenais d'un Antibes d'il y a vingt ans, très pittoresque dans son anneau de vieilles murailles, d'un Antibes tout plein de mimosas et d'eucalyptus, ces arbres-femelles si ardents à se ployer et à longues chevelures; mais, aujourd'hui, on a fait d'Antibes, par la démolition en partie des remparts, par la construction de tant de villas absurdes, une station d'hiver de troisième classe, une sorte de Sartrouville de la mer, avec, partout, des terrains vagues, des bâtisses d'usines, des écoles, des maisons en carreaux de plâtre, une longue caserne ; et pas de mer propre pour se baigner, puisqu'il faut aller, pour cela, par la plus laide et la moins coiffée des routes, jusqu'à Juan-les-Pins.

Sans doute, il reste des coins propices dans le vieux port, — et de jolies filles de belle chair safran, — de jolies filles au type italien, au nez droit, au menton petit, aux yeux brûlants et noirs ; mais, fait-on le tour du cap d'Antibes, avec un cocher dont le fouet utilise, en guise de mèche, une longue touffette de cheveux (ô tendresse !), c'est trop de banlieue tout ce que l'on voit, trop

de villas hurluberlues pour princesses russes
ou levantines, trop de restaurants pour pro-
meneurs, trop de maigres hôtels — à peine
nés — pour touristes.

Une dame pianiste, qui fait un voyage par
an, aux grandes vacances, pour collectionner
du pittoresque, déplorait l'autre jour devant
moi que les rues fussent trop propres (!) à
Antibes, que les enfants n'y fussent pas
d'une crasse révoltante, qu'il n'y eût pas
plus de linges souillés aux fenêtres! Evidem-
ment, cette voyageuse veut du pittoresque à
tout prix. Bien coupables assurément sont,
à ses yeux, les Antibois, qui ne lui en donnent pas pour son argent. C'est comme ça
qu'on gâte le tourisme!

Mais, moi, qui n'en demande pas tant, je
déplore, de mon côté, qu'il n'y ait pas, dans
le vieil Antibes, des cabinets d'aisance dans
les maisons. On chie dans des seaux que l'on
va vider, le soir, du haut des remparts qui

subsistent; et la merde s'accroche aux roches. On réserve une heure, toutefois, à cette puante procession des femmes portant leurs seaux et le petit balai.

Une autre mauvaise heure, c'est une heure du dimanche, avec tout un déballage de bedons et de quilles. C'est Antibes qui se baigne; tout ce que la nature a produit de plus affreux se met en maillot. La mer, pacifique et bienveillante, accepte, sans dégoût, ces fessiers et ces poitrines. Je sais bien qu'elle a son petit mouvement de va-et-vient, qui rejette toujours de l'eau sur la plage. Elle rend ainsi ses glaires.

Mais les souvenirs de la caserne neuve et toute voisine, m'ont-ils assez gâté mon séjour! Oh! ces notes de clairon qui précisent la servitude militaire, sont-elles tombées, autrefois, aussi impérieuses, dans l'ennui de ma courte vie de soldat! Elles trouent ici d'aigre façon la sérénité de tant de jour-

FILLETTE AU BAIN

Photo Durand-Ruel

nées de soleil; — et les officiers que j'ai tant méprisés, je les revois, assommés de la dernière guerre, rendus à une pauvre vie civile, qu'ils vont traîner, dans le plus accablant ennui. Ah! où sont les beaux soirs d'absinthe de jadis, quand on versait au-dessus d'un morceau de sucre l'eau glacée, goutte à goutte, qui troublait peu à peu la brûlante liqueur et l'amenait, battue, à un ton d'opale?...

Voici un dernier souvenir à Antibes-Juan-les-Pins : un couple de baigneurs. Un taulier de Nice et Madame. Sans éclat tous deux et sexagénaires.

Monsieur, en chapeau de toile blanche. Madame en peignoir large; elle est bedonnante. Sur sa tête mafflue, aux lèvres pendantes, un amour de bonnet, avec un ruban de couleur rouge.

Monsieur est moustachu. Il fait des réflexions doctes. Madame, qui a de l'appétit, réclame le maître-baigneur, qui ne se met jamais à l'eau (il vient de manger ou de « faire quatre heures d'escrime »).

Ils entrent enfin dans l'eau, en se tenant par la main. Ils ont tous deux des maillots noirs pour « amincir ». C'est la chèvre et son biquet.

Ils tâtent l'eau, prudemment, se mouillent les épaules.

Enfin, Monsieur fait semblant de nager : trois brasses.

Madame, debout, l'eau au ventre seulement, contemple amoureusement son époux.

Puis échange de petites réflexions aquatiques et rires d'enfants. Madame, tenue par Monsieur, saute à petits coups dans l'eau.

Dans l'eau, doucement, tendrement, Monsieur et Madame se caressent. L'eau fait parfois pousser de petits cris à ces cœurs puérils.

Comme une batracienne, Madame vient se

reposer, tout au bord, son gros derrière dans l'eau.

Monsieur vient se rouler près d'elle, dans le sable.

Madame se lève enfin comme Vénus Anadyomène; mais son arthritisme l'oblige à un peu moins de souplesse.

Et voilà maintenant Monsieur et Madame étendus côte à côte, sur le sable.

Ils vont déjeuner. Pour « se faire la bouche », ils mangent d'abord des sandwiches d'anchois bourrés d'ail!

Voilà pourquoi, voilà pourquoi, — et pour tant d'autres raisons, je me suis bien ennuyé, tout un été, à Antibes!...

Renoir, en abandonnant Antibes, vint s'installer à Cagnes, presque à mi-chemin entre Antibes et Nice. Un guide du pays bleu nous dit ceci : « Cagnes, chef-lieu de canton, 5.400 habitants environ. Construit en amphithéâtre sur un mamelon au-dessus de la vallée de la Cagne, et dominé par un château féodal où l'on accède par des rues montueuses, Cagnes se prolonge du côté de la mer et le long de la route par le quartier neuf dit du Logis, et, sur une colline voisine, par les quartiers des Collettes et des Bréguières ».

A Cagnes, Renoir logea d'abord dans une maison près du bureau de poste. Puis, il acheta les Collettes, terrain planté de très vieux oliviers ; et il fit bâtir la maison qui devait être son dernier logis terrestre. A ce moment-là, il ne pouvait absolument plus marcher. Il eut alors deux véhicules : un fauteuil qu'on roulait, sur lequel on le transportait pour peindre, dans son atelier ou très rarement au dehors, — et une automobile, dont il ne se servait guère lui-même.

Quand il fut dans un état d'extrême faiblesse, — ce fut l'état de ses dernières années — et voulant peindre jusqu'à son dernier souffle, il se fit construire un atelier en verre, duquel il pouvait voir son « modèle », nu dans le jardin. Il fut un magnifique exemple du courage humain.

A Cagnes, le nombre des « raseurs » s'accrut bientôt au delà de toute limite. Marchands, amateurs, épiaient, guettaient, mendiaient l'autorisation de visiter le vieillard illustre. Rien ne rebutait ces gens-là. Ce sont toutes ces flagorneries, toutes ces malpropretés autour d'un artiste « faisant les très gros prix », qu'on appelle communément aujourd'hui : « *L'amour de l'Art* ».

VIII

Rodin chez Renoir

APRÈS LE BAIN

Photo Durand-Ruel

RODIN CHEZ RENOIR

J'ai connu beaucoup Rodin. En l'année
1885, lui, un modeleur sans vive renommée, — moi, un élève de l'école des
Beaux-Arts, nous avions la même porteuse de
pain ; et cette fille, une rousse, jeune et jolie,
voyant des plâtres chez Rodin et des dessins chez moi, nous avait, un jour, *chez elle*,
réunis ! Souvent, Rodin et moi, nous avons
souri, depuis, en nous rappelant notre première rencontre.

Depuis cette année 1885, tous les ans, j'ai
vu et revu Rodin. Même, après 1900, je l'ai

vu toutes les semaines ; si bien qu'un jour j'ai commencé cette lamentable aventure du musée Rodin (n'est-ce pas, ombres de Mme et de M. Sembat ? n'est-ce pas, président Briand ? n'est-ce pas, MM. les députés Wilm, Escudier, etc?...) — enfin, j'ai consacré à Rodin trois livres, dont un ample album. Je puis donc assurer que j'ai connu et bien connu Rodin.

Or, en janvier 1914, MM. Bernheim — jeune m'ayant demandé un portrait inédit de Rodin, en frontispice à l'album que je préparais pour eux, je songeais tout de suite à faire dessiner ce portrait par Renoir. Celui-ci se trouvait à Cagnes, et Rodin devait aller cette fin d'hiver même dans le Midi.

Or, coïncidence vraiment exceptionnelle, miraculeuse même peut-on dire : M. Ambroise Vollard, le marchand d'œuvres d'art (*works of art manager*) bien connu, était, oui, tout à fait par hasard, à ce moment-là, l'hôte de Renoir.

Tout le monde sait, d'autre part, que M. Ambroise Vollard écrit des monographies d'artistes, très pittoresques, très vivantes et surtout pleines de cet humour spirituel et certes très délicat, « dont il a le secret ». Il s'est préparé, par une longue patience, à la littérature, en produisant ces rarissimes brochures qui s'appellent : *Ubu aux colonies; Ubu à l'hôpital; Ubu chez les ministres; Ubu pharmacien; Ubu à cinq galons; Ubu chez les membres de l'Institut;* etc... Tout cela allait fort bien; — mais la reprise *d'Ubu, roi* n'ayant été, au théâtre de l'Œuvre, qu'une suite assez courte de lamentables « pannes », M. Ambroise Vollard perdit tout d'un coup confiance dans le père Ubu, d'abord, — dans ses livres : les petits Ubus, ensuite; si bien qu'il les abandonna tous en paquet — et qu'il se lança à publier ses monographies et

quelques-uns de ses pamphlets aussi redou-
tés qu'ils sont de bon aloi.

M. Ambroise Vollard a l'œil caustique et
l'observation clairvoyante. Malheur, triple
malheur pour celui qui se laisse prendre en
défaut par l'œil caustique ou par l'observation claivoyante. Rodin, ayant consenti pour
m'être agréable à visiter à Cagnes Renoir,
Renoir fit, de la meilleure grâce, le portrait à
la sanguine que je lui avais demandé ; — et
les deux maîtres se séparèrent très cordia-
lement.

Mais l'œil caustique de M. Ambroise
Vollard avait regardé Rodin. Il l'avait — si
l'on peut dire — inventorié, mis en détails,
et chacun de ces détails, jeté, conservé dans
le vinaigre des colonies, M. Ambroise Vollard
l'avait exposé ensuite avec quelle causticité
décuplée — on ne l'ignore ! — dans un cha-
pitre de son livre sur Renoir, intitulé : *Rodin
en visite chez Renoir.*

J'avoue que ce furent, tout de suite, des rires copieux. Ici, toute la superbe de Rodin, ses puérilités bébêtes, sa confiance à tomber dans tous les « panneaux », toute sa sottise d'enfant gâté à écouter les sornettes des uns et des autres, tout un pauvre homme enfin est merveilleusement, furieusement ridiculisé par le maître ès-ubuiste qu'est M. Ambroise Vollard. Oui, voilà une confession merveilleusement conduite par un maître tortionnaire. Rodin se dévoile mégalomane, sottement orgueilleux. Ce n'est plus Rodin-le-Grand ; c'est Rodin-le-petit. Sous l'observation clairvoyante de M. Ambroise Vollard, sous cet œil caustique digne de celui que le père Hugo prête à Dieu (*L'œil était dans la tombe et regardait Caïn*), Rodin n'est plus qu'un pauvre petit gosse, un pauvre petit niais malmené par sa bonne!...

Oui!... mais... moi qui connus bien Rodin, je sais, je sais que, même interrogé, il ne

répondit rien à M. Ambroise Vollard. Je sais
que tout le brillant humour resta au compte
du père de tous les petits Ubus ; et cela
m'accable, m'afflige au delà de toute limite
pour M. Vollard ! car, à quoi bon lâcher
toute bride à sa fantaisie? à quoi bon railler,
si le raillé n'entend pas ce que vous lui
dites ? Oui, cher M. Ambroise Vollard,
Rodin, vingt fois coupable, ne s'aperçut
même point de votre présence chez Renoir,
croyez-moi, malgré toute votre autorité et
tout votre humour ! Et, pourtant, sans que je
sois très entendu en humour, rien n'est plus
caustique que vos flèches barbelées déco-
chées sur Rodin à propos de « son futur
tombeau » ou de « son goût pour les
duchesses » ! Oui, cela, c'est du bon concen-
tré d'esprit, de la plaisanterie ailée, de la
savoureuse ironie, du persiflage, de la facétie,
de la bonne charge enfin d'atelier. Ah ! l'on
voit bien que vous les avez maniés, vous, les

tableaux. Tout leur esprit est passé en vous ;
et vous nous prépariez un « *Ubu chez les
marchands de tableaux* » un peu là ! —
quand... vous savez le reste ! *Ah ! cet insuccès
d'Ubu, roi !*

En vous écoutant — s'il vous écoutait ! —
Rodin ne souriait même pas dans sa barbe de
fleuve, il planait. Oui, il planait comme toujours, ce total olympien ; et, peut-être, ne
s'aperçut-il pas qu'il posait, pour enrichir
mon album, devant Renoir ! Et, pourtant,
Renoir !...

Ah ! M. Ambroise Vollard, redonnez-nous
quand même vos petits Ubus ! vos caustiques
petits Ubus ! vos sacrés petits Ubus ! Ecrivez
le dernier des Ubus !... « *Et s'il n'en reste
qu'un à écrire, j'écrirai celui-là !* » Mais oui !
car, avec les olympiens Leconte de l'Isle et
Rodin, rien n'est à faire ! Ce sont des aveugles, ils ne voient pas ; ce sont des sourds,
ils n'entendent pas !...

LE BOUQUET

IX

La douce mort de Renoir

LA DOUCE MORT DE RENOIR

Je n'ai point vu Renoir mourir. Je ne le regrette point. Aussi bien, comme on n'a pas souvent l'occasion de reproduire des proses subtiles de M. Félix Fénéon, je vais détacher l'émouvant récit suivant d'une lettre qu'il envoyait, en décembre 1919, à Paris (M. Fénéon, lui aussi, se trouvait, ainsi que M. Ambroise Vollard, comme par hasard, à Cagnes, au moment de la mort de Renoir) :

« Renoir (écrit donc M. Fénéon) n'avait pas été affaibli, au contraire, par son voyage à Paris de l'été dernier. Mais il y a un mois, il avait peut-être pris froid dans son jardin de Cagnes en peignant un paysage. Il eut une congestion pulmonaire, au cours de laquelle il lui arriva de faire allusion, mais sans geindre, à sa fin probable. « Je suis foutu », disait-il. Toutefois ce n'est pas expressément de sa congestion qu'il est mort. Il eut un arrêt du cœur (il avait toujours eu cet organe très délicat), — de sorte qu'il échappa aux douleurs de l'étouffement, classiques dans la congestion mortelle.

« Le 30 novembre, il peignait encore : il avait commencé une petite nature morte, — deux pommes. Puis ce fut l'agonie.

« Deux médecins de Nice le soignaient : les docteurs Prat, chirurgien, et Duthil. Celui-ci était encore auprès de lui à minuit, deux heures avant sa mort. Ce docteur Duthil avait tué deux bécasses, et avait raconté au malade cet exploit. Dans le délire, ces oiseaux revinrent obstinément et, associés à des idées de peinture, furent sa dernière préoccupation. « Donnez-moi ma palette... Ces deux bécasses... Tournez à gauche la tête de cette bécasse... Rendez-moi ma palette...Je ne peux pas peindre ce bec... Vite, des couleurs... Changez de place ces bécasses... » Il mourut à deux heures du matin, — le mercredi 3 décembre 1919.

« Son fils Pierre, l'acteur, ne put arriver que dans la journée du mercredi. Ses fils Jean et Claude assistaient à sa fin.

« Dans sa chambre du premier étage de la villa des Collettes, dont les fenêtres sont ouvertes sur les arbres et sur la mer, il est étendu sur un lit couvert de ses fleurs préférées, un treillis de roses thé et de roses roses. Visage pur et émacié, mais non dur; bouche entr'ouverte. Auprès du lit, sa chienne Zaza, qu'il aimait mieux que ses autres chiens, car e''e est silencieuse et calme; mais les chats étaient ses bêtes de prédilection... »

« Félix Fénéon. »

Renoir fut inhumé dans le cimetière d'Essoyes, où est édifié le caveau de famille.

*
* *

Ce qui fut ensuite tragique et comique, douloureux et burlesque, ce fut la ruée à Cagnes des flaireurs, — amateurs et marchands. On peut écrire que jamais circuit d'automobiles n'attira autant de monde. On accourut à la maison des Collettes en auto, en charrette, à pied, par tous les moyens connus. Ce fut un assaut général, mené vigoureusement, sournoisement. On se congratula; puis on se battit, furieusement.

Il s'agissait, pour chacun, d'avoir sa part de la curée : intestins et sang, représentés ici par des peintures et par des pastels...

X

Quelques mots préalables

FEMME EN ROBE DE MOUSSELINE

QUELQUES MOTS PRÉALABLES

Renoir débuta, publiquement, en présentant des tableaux à personnages (influence du temps, amour des costumes, des aventures, goût des armures et des « intérieurs »). Tout cela venait de loin, des meilleurs et des pires : de Delacroix et de Meissonier.

Voilà surtout un peintre dont il ne faut pas chercher à « expliquer » l'œuvre. Lui-même eut en horreur, toute sa vie, de « découper » les étapes de sa passion de peindre ; et, voulait-on l'écœurer totalement, on y arrivait à coup sûr en parlant de ses « manières », de ses styles successifs, de sa période « ingresque » à sa période « italienne » — à moins que ce ne soit l'inverse ! — de sa période Delacroix à sa période Courbet; ou bien de sa période d'ivoire à sa période rouge. Toutes ces divisions de comptable dans une même passion de peindre qui ne s'affaiblit jamais, pas une heure, au pire de ses maux physiques les plus cruels, l'enrageaient. Il disait en parlant de certains critiques : « Les imbéciles, ils ne voient donc pas que je ne veux qu'une chose : peindre, peindre !... Dame ! j'évolue, puisque je cherche toujours à mieux peindre; tout le reste, ma manière aigre, mon style Raphaël, tout cela m'est complètement indifférent. Pour chacun de mes tableaux, j'ai fait une œuvre supportable — ou elle est à recommencer ! Ce n'est pas plus compliqué : on pose de la couleur sur une toile, — et ça y est ou ça n'y est pas !

Qu'on me fiche la paix avec toutes les explications après coup ! »

Ses premiers tableaux, en tout cas : *Esmeralda dansant avec sa chèvre*, — *Parisiennes habillées en Algériennes*, — *Lise*, — *La promenade*, — *Le cabaret de la mère Anthony*, — *Portrait de Mme Maître*, — *Dans le parc de Saint-Cloud*, — *La Grenouillère*, — *Argenteuil*, — *Le ménage Sisley;* — tous ces tableaux peints de 1863 à 1872, sont assez connus par eux-mêmes pour qu'on n'ait pas l'air chaque fois de découvrir l'Amérique, en les « expliquant ». « Vulgarisation scientifique » déjà faite, à je ne sais combien d'exemplaires et de formats, et qui nous permet à nous un meilleur plaisir : celui de ne pas l'écrire !

De 1872 à 1880, autre période dont un critique buté gâterait trop notre joie si, pour chacun des tableaux peints par Renoir, il nous obligeait, à fin de technique, de relire un charabia qui n'est point du tout de notre goût. Manie d'éplucher, manie de commenter qui convient très bien — au contraire — à un peintre tel que Georges Seurat, — parce que, lui, il est le peintre-géomètre par excellence.

En compagnie de Renoir, restons donc simplement un passionné ou un indifférent, un insensible ou un voluptueux, — et représentons-nous une fois de plus — pour la 366ᵉ fois! — l'œuvre, au moyen de la photographie, si divertissante elle aussi, si l'on fait un joli choix de tableaux.

De 1872 à 1880, voici quelques autres toiles très diverses : *Le déjeuner, — Sur l'herbe, — Ingénue, — La chevelure, — La femme au lilas, — Le premier pas, — La bohémienne, — Le Moulin de la Galette, — La loge, — Les parapluies, — La source, — La tasse de café, — Les pêcheuses de moules, — Dans l'herbe, — La fillette attentive, — Buste*

de femme, — Portrait de Jeanne Samary, —
Mme Charpentier et ses deux fillettes.

Restez bien assis dans votre fauteuil — et ces tableaux — et tant d'autres — faites-les donc passer, au moyen de photographies, devant vous; — et, sans explications ardues, sans commentaires fatigants, rien que des « constatations », vous goûterez une vraie joie des yeux et — j'ai bien envie de l'écrire ! — de l'odorat !

XI

Paysages

Photo Durand-Ruel

LA FERME, CAGNES

PAYSAGES

Dès l'année 1863, où il se tenait dans les environs de Paris, Renoir a peint des paysages : à Louveciennes, dans le parc de Saint-Cloud, à Bougival, à Argenteuil, dans le parc de Versailles ; — en passant par ses toiles peintes à Pont-Aven, à Noirmoutiers, à Essoyes, à Berneval, en Italie, en Algérie, pour terminer par tant de paysages de la Provence et de la Riviera.

Le moelleux des paysages de Renoir ! le ouateux, le cotonneux !... Oui, ces paysages, peints comme mollement, sans rudesse, tout

à son amour de tout, à son goût de « peloter »
même les choses, à sa passion de la couleur.
Il a toujours peint comme des parties
d' « édredons » ; et, à Essoyes, comme dans
ce Midi qu'il a tant aimé !

Tout cela, oui, est cotonneux ; est loin,
par bonheur, de l'émail d'un paysage de
Cézanne, de l'aspect un peu plâtreux d'un
paysage de Monet ou de Guillaumin, de la
sécheresse d'un Sisley ou d'un Pissarro. Et,
comme tous, ils ont, cependant, ces Impressionnistes, aimé leur métier ! Quelle offrande,
chaque fois, à la nature — avec un « amour »
renouvelé !...

Renoir, on dirait qu'il remue des brins
de laine, qu'il sort de pelotes ; — et qu'il
les fixe avec un enduit sur la toile vierge.

Il a l'imprécision de Corot (sauf à ses
débuts, où il est sec, dur) ; — mais sa
palette est plus riche, ne redoute même pas,
quelquefois, dans les accords, des harmo-

nies un peu bruyantes, un peu « criardes », un peu « foraines », oserais-je dire? Des bleus, des rouges, des verts et des jaunes et des violets que le maître des gris et de l'argenté connut, certes; mais auxquels il demanda rarement des moyens d'expression !

Renoir, est, dans ses paysages, une sorte de Constable de la foire.

Pourtant, quel régal aussi de regarder les montagnes, les villages accrochés et les nuages et la pluie qui, par instants, enveloppe tout, là-bas, de sa brume !

La journée finissante. Des lilas sourds. Devant soi, des montagnes d'un bleu de Prusse éteint, — avec, à leurs pieds, les gros et denses buissons des arbres. Et, au tout premier plan, des fleurs, des roses roses, rouges, blanches, de laque épaisse presque noire !

Et les cimes des arbres se balancent doucement, comme des palmes, sous ce ciel d'un précieux, d'un adorable gris de nacre !

Sur les monts s'effilochent maintenant les nuages. Hier, ils étaient argentés sous la lune pleine — et les prairies formaient des lacs de rêve. La splendeur de la vie dans ce juillet paisible, en Riviera, ici où l'on ne connaît pas souvent la colère des Éléments.

Comme il y a autour de moi tant d'eucalyptus dorés, tant de lauriers en fleurs, lauriers blancs, lauriers roses ! Comme il y a tant de pins parasols où la lumière se vient reposer en ondes amies !

Renoir, qui, dans sa vie douloureuse d'impotent, n'a aimé que de plus en plus la joie, peint difficilement les linceuls et les fumées que la pluie, terminée, accroche sur la cime des monts, au-dessus des villages perchés sur les hauteurs. Par là, les estampes japonaises qui ont tant influencé Monet, n'ont laissé aucune trace sur Renoir, l'ont laissé impassible devant l'allégresse, le bonheur de la lumière, du soleil. Au contraire, Courbet, Monet, Sisley, Pissarro, Guillaumin, ont peint des « neiges ». Pour lui, Renoir, il n'y a que le soleil toujours. Et plus il vieillira, plus les infirmités l'accableront, plus il aimera la vie, la couleur, la chaleur de vivre, plus il redeviendra jeune, amoureux, ardent! Magnifique épanouissement de l'amour de la peinture!...

Après la pluie, les montagnes toutes rapprochées ont le mœlleux des paysages de Renoir. Des bleus, des verts, des rouges s'offrent jeunes, tendres et vifs. C'est l'aurore d'une nouvelle création des choses.

Les papillons volètent au-dessus des fleurs, des roses et des reines-marguerites. A l'entrée de la ruche, s'activent les grincheuses abeilles. Le ciel, bleu profond, se voile, par places, d'écharpes légères. Il y a sur les monts des bleus de la douceur des bleus de la mer, aux heures du soleil apaisé.

Les arbres frissonnent sans fièvre. Toutes les couleurs, toutes les nuances se reposent. Les Éléments sont tendres pour elles aujourd'hui. Jamais je n'ai vu tant de papillons dans le jardin. Les chiens se reposent sur le dos, les quatre pattes en l'air. Les hortensias, près des lauriers-roses, s'arrondissent en grosses pelotes. Bégonias, géraniums, fuchsias, dahlias, roses, composent la palette de Renoir. Les papillons, ailes repliées, comme des petites voiles que le vent n'agite plus, sucent le suc des fleurs. Partout, nulle rudesse. Le soleil, ce matin, « pelote » à sa manière, à la manière de Renoir, la multiplicité et la diversité des choses de tout le vaste paysage. Il n'y a, devant moi, rien de *linéaire!*

Oh! la grande douceur des paysages quand les Éléments ne les tracassent pas. Ces monts bleus et verts, ces arbres par milliers, ces sapins, orgues qui ne chantent pas!... Comme tout cela est tranquille!... Le petit village, dans la vallée, est endormi; — et, là-bas, à droite, le ciel limpide — sous des nuages de perle — représente une vaste mer *immatérielle...*

Renoir vous a peints, vous aussi, les aspects de Paris; les sites où l'arbre est rare, où il faut vivre dans la pierre, nourrir ses espoirs entre les murs élargis d'une prison. Il a aimé Paris à sa façon; car il a peint la place Pigalle, les grands boulevards, la place de la Trinité, des jardins à Montmartre, le château des Brouillards, et cette unique place Clichy, où monte bouillonner le sang de Paris.

Renoir vous a peints, encore, vous, les paysages d'Italie; car il peignait partout, ce diable de peintre. Il a peint des sites à Naples, à Sienne, à Assise; il a représenté de Venise : le Campanile, la place Saint-

Marc, le palais des Doges. Il a peint également ment en Calabre, à Alger, à Guernesey, à Pont-Aven, à Trouville, à Villeneuve-lès-Avignon.

Tous ces coins de campagne ont bien passé par son cerveau fasciné ; ils sont attirants ; mais c'est dans le Midi surtout que Renoir peignit les plus rares de ses paysages.

Il a représenté combien de fois les îles d'or, près d'Agay. Il vous a aimés ardemment vergers de citronniers, d'orangers, d'oliviers monstrueux, d'eucalyptus chevelus, — roches rouges, mer d'outremer,

On l'a porté dans son fauteuil mécanique devant des calanques ; au milieu des forêts de pins parasols, de mimosas, d'épais fourrés de myrtes et de cistes, de chênes-lièges et de lentisques. Sur les montagnes, couvertes de châtaigniers géants, on l'a installé dans les bruyères, les genêts et les maquis de lauriers-roses.

TAMARIS

Photo Durand-Ruel

On l'a arrêté devant les petits ports pleins de tartanes, devant les voiles teintées de safran. Il a vu poser de nuit les palangres et les gourbins. Il a vu la pêche au fasquié et à la fichouire. De la tartane, il s'est amusé à retenir ces détails : la mèstre ou voile maîtresse; les focs (le naufé ou demi-poulacre), le dragon ou clin-foc — et le petit bateau qui nage derrière ou caïque.

On l'a promené dans d'autres bois touffus, où embaument le myrte, le romarin et la résine; on l'a installé dans des jardins tapissés de jasmins, de violettes, de roses, de tubéreuses et de jonquilles. Il a peint aussi des figuiers, des vignes, des palmiers, des cactus, des aloès; et, vous, également, poivriers, caroubiers, bois de cédratiers et de chaméréops, fonds de pins sylvestres et de chênes-fayards. Il a respiré et pris de la vie sous les sapins et les mélèzes.

Et, il est venu ensuite près de vous; et il

vous a peints du même amour paysages du Cannet, d'Antibes, de Magagnosc, du cap Ferrat, de Villefranche, de Saint-Jeannet, de Cagnes et de Saint-Raphaël. Auprès de vous, sa palette est devenue plus enchantée encore, pleine de toutes les couleurs pour la mer, le ciel, les arbres, les fleurs; comme il vous a caressées, « pelotées », toutes choses !

Mais, tous ces paysages, en général de petites dimensions, il les faut considérer, dans l'œuvre abondante de Renoir, comme des *distractions*, comme des *repos* entre deux puissants et savoureux tableaux de *Baigneuses*. Et cela devait lui plaire infiniment de fixer sur sa petite toile vierge, si blanche, si préparée avec soin, des branches d'arbres lumineuses comme des ailes de papillon — et des fleurs qui rivalisaient d'éclat avec la palpitante mer bleue, avec le firmament tout plein de sa belle couleur bleu-céleste.

Rappelez-vous les petites maisons blanches ou roses, comme elles sont blanches ou roses dans tout cela, dans toute cette verdure d'émeraude et dans tout ce bleu lapis-lazuli, où de l'or chante souvent, précieux métal qui pare de richesse un coin quelquefois humble de campagne méditerranéenne.

Paysages cotonneux, certes ; mais comme il fait bon vivre parmi vous, en vous ! C'est bien vous qui versez le népenthès homérique et qui savez ainsi si bien les endormir, nos cerveaux chargés de tristesse !...

XII

Natures mortes

NATURES MORTES

Ce nom : *nature morte* est bien un pauvre nom, absurde et déplaisant; mais nous le devons conserver, car l'amateur n'aime pas être bousculé. Il sait ce que ce nom veut dire — et cela lui suffit.

Renoir a peint, sous ce qualificatif, surtout des fleurs et des fruits. Il a laissé à Vollon ses chaudrons, aux frères Bail d'autres chaudrons, à Desgoffe ses brocards et ses cristaux, à Philippe Rousseau ses singes et à Gustave Moreau ses faux colliers de perles et d'émeraudes.

cupent avant tout de l'aspect décoratif.

Ce que furent pour Renoir encore ces fleurs et ces fruits, d'autres distractions et d'autres repos, assurément. Maintes fois, ses fleurs paraissent être artificielles, en papier; maintes fois, ses fruits sont, comme ses paysages, d'un aspect cotonneux. Pour un peu, on dirait des accessoires de théâtre. Ah ! ils n'ont pas la solidité, le *plein* des fruits peints par Cézanne ; mais comme ils plaisent, par leur couleur, par leur velouté, par leur finesse de touche !

Indéniablement, Renoir apprit à peindre tous les objets animés et tous les objets inanimés. Aussi, il n'était jamais embarrassé devant un objet, le premier venu. Il pouvait peindre un chapeau fleuri de femme ou un petit chien japonais ; et, aux deux choses, il imposait son style ; aux deux choses, il imposait son dessin voluptueux et sa couleur d'ensemble, qui furent bientôt la marque

de son incontestable et savoureuse origina-
lité.

Il peignit des centaines de petites natures
mortes, ce peintre d'une fécondité sans
pareille; — et qui vraiment, durant toute
sa vie crucifiée, n'aima passionnément que
la peinture.

Certes, je sais que je me répète en écrivant cela — et que Renoir aima amoureusement la peinture d'abord, les *Baigneuses*
ensuite. Pour lui, ses natures mortes (Fleurs
et Fruits) sont comme des « parties » de ses
Baigneuses. De même, ses *Paysages*. De même
ses *Portraits*. Tout cela est caressé par lui,
« peloté », — il faut toujours avec Renoir
employer ce mot! — tout est caressé,
« peloté » donc, comme des fesses, des
tétons, des gorges, des ventres. La Femme,
toute la Femme. Vous devinerez plus loin
combien il s'ennuie quand il est obligé de
faire un portrait d'homme, même celui de

M. Ambroise Vollard. Les pêches, au contraire, il les voit comme des gros tétins,
des tétins de Comices agricoles ; et ce qu'il
tourne et retourne, son pinceau, pour, savou-
reusement, déposer de l'ambre, du rose confus, du rouge audacieux, du bleu, du ver-
dâtre, les mille nuances d'un petit téton
jeune. Il y a de par la terre des beaux
fruits qu'il n'a jamais peints, parce qu'il ne
retrouvait pas en eux la chair féminine ; mais
peignait-il quelques-unes des fleurs citées
plus haut, ses roses surtout, sa fleur la plus
chérie, ah ! s'attardait-il à ne pas oublier un
rose, un rouge, un repli, une petite courbure,
la jolie joie triomphante d'un pétale. C'était
cela, un détail du flanc de la Femme, une partie de son pubis, un rien du contour du
téton, un petit coup de fouet de la gorge, un
rouge de l'arc de sa bouche... Voyez, au
contraire, combien d'admirables fleurs également, il n'a jamais voulu peindre, — parce

qu'elles ne le faisaient point penser non plus à un détail du corps féminin, — parce qu'il ne retrouvait pas en elles la plus petite nuance si frénétiquement chérie...

Tout cela, c'est pour vous avancer que c'est bien à son corps défendant qu'il a peint des objets de cuisine. Oh! si rarement! Ces heures-là, sa femme, ses bonnes avaient dû le laisser loin de ses fruits et de ses fleurs préférés. Alors, comme il ne pouvait vivre une seconde sans peindre, il peignait ce qu'on lui avait laissé sous la main.

Jusqu'à la fin de sa vie, Renoir a peint des natures mortes. Des *notes* a-t-on dit, a-t-on osé écrire! Quelles notes! De quelles notes avait-il besoin ce peintre si miraculeusement doué, qui connaissait par cœur le corps féminin, son meilleur but de la peinture? Comme c'est risible de vouloir faire quand même l'entendu! Ah! faites-lui la grâce de penser que ce jour-là, à cette heure-là, Renoir vou-

lait seulement se récréer, se reposer ; — car
elle est fatigante à la longue la lutte contre
les ventres et les fesses, même pour les plus
vigoureux et les plus résistants des amants...
Une pomme, une pêche, qu'il savourait en
passant, cela lui donnait le temps de
reprendre du souffle et de repartir chaleu-
reusement à la conquête de la toison brune,
rousse ou blonde...

XIII

Tableaux de genre

Photo Durand-Ruel

LE DÉJEUNER DES CANOTIERS !

TABLEAUX DE GENRE

Tableaux de genre : *Le déjeuner; L'amazone ; Sur l'herbe; Ingénue ; La chevelure ; La femme aux lilas; Le premier pas; La bohémienne ; Lise; Le garçon au chat; La loge; La source; Les parapluies; La balançoire ; Le Bal du Moulin de la Galette; Parisiennes habillées en Algériennes; La tasse de café; Le cabaret de la mère Anthony; Sur le bord de la mer; Les brodeuses; La femme à la perruche; La fillette attentive; La femme à l'éventail; Dans le jardin ; La guitariste; Sur la terrasse; La femme au chat; Le déjeuner des canotiers; La danse à la ville*; *La natte*; *Les enfants en rose et bleu*; *Jongleuses au cirque*; *Madame de G...*, etc., etc.

Des centaines de tableaux encore — je n'ose pas écrire des milliers — à l'actif de Renoir. Des tableaux peints partout, en tous lieux. Quelques-uns mieux « venus » que d'autres ; mais tous sortant d'une palette ivre de bonheur. Sans doute, des « sujets », tels qu'un photographe les pourrait saisir. Du point de vue *composition* : nulle invention, nulle fantaisie ; toute invention, toute fantaisie n'étant strictement que dans le dessin et dans la couleur. Mais quelle souple rondeur ! Quelle association joyeuse de verts, de bleus, de jaunes, d'orangés ! Quel ravissement et quel esprit dans un chapeau, dans une collerette, dans un ruban !

Comme Manet, Renoir n'aimait pas le modèle professionnel. Il haïssait tout ce qui pouvait sortir de l'atelier, de l'école ; aussi toutes les poses « hanchées, tous les bras offrant des fleurs imaginaires, toutes les attitudes, tous les gestes appris, convenus, le mettaient en fureur. Généralement, presque toujours, ce furent ses amis — hommes et femmes — qui lui servirent de modèles pour ses tableaux de genre. Suzanne Valadon et deux ou trois Montmartroises qui posèrent pour Renoir pouvaient seules passer pour des « modèles » professionnels ; et, encore, Valadon (qui lui posa *La Danse à la ville* et des *Nus*) n'était plus guère modèle vers ce moment-là.

Son éloignement du modèle professionnel ! C'est pour cela que tant de gens s'égayent à l'idée que Renoir faisait poser — à poil ! — ses propres bonnes, des femmes de ménage, tout ce qui était femme autour de lui. Il ne s'inquiétait que de trouver des chairs accrochant bien la lumière.

Assurément il y a, maintenant, des choses bien « vieillottes » dans ses tableaux de genre. Que pouvait-il contre cela ? Surtout au moment de cette affreuse mode qui date du second Empire — en passant par les années 1880 à 1890 — de honteuse mémoire — jusqu'à l'année 1900.

Les étoffes étaient de haute qualité, ainsi que les rubans, les pailles et les feutres ; mais que va faire Renoir ? que pouvait-il faire d'abord ? La crinoline disparaîtra vers la fin du second Empire ; mais les cerceaux survivront. Les modistes fabriqueront trop de capotes, écrasées de fleurs en velours. Les bonnets seront toutefois minuscules, légers, vaporeux ; et les pailles de Florence seront ornées de plumes d'autruche, de marabouts, de tulipes, de roses et de muguets.

Beaucoup de bijoux seront en émail vert, en émail or et perles, en bleu argent oxydé. Des chaînes de grosses perles vont entourer le cou et retomber à la hauteur de la ceinture.

Des bottines, haut montées, développent l'amour du mollet; puis c'est un ballonnement d'étoffes — et, sur la tête, surchargée de cheveux, un toquet de velours aux brides folles.

Et trônent toujours des robes à traînes, lourdes, à la taille dessinée; et surtout le faux-cul qui apparaît en l'année 1872, et qui va persister, durant tant d'années. Quand la traîne, enfin, pour la promenade, disparaîtra, la robe deviendra plus collante; mais elle s'alourdira toujours de plissés, de volants et de drapés.

Il existe cependant des maisons notoires pour la toilette des femmes; mais elles ne multiplient pas leurs efforts de « créations nouvelles ». La mode sera avant tout durable. A quoi bon chercher de nouvelles « lignes »? On ne voudra que des redites, que des choses de sûre qualité, qui s'éterniseront, chez ces fournisseurs qui s'appe-

laient Antony Delieuvin (*toilettes*); G. Bonheur (*fourrures*); Chiloré (*modes*); de Byster-
weld (*coiffures*); Compagnie des Indes (*fou-
lards*); Caliste (*dentelles*); Thiaucourt (*toilettes*); Rebillat (*coiffures*); Gagelin (*toilettes*);
Léontine Coudré (*fleurs*); Huvet (*jupons*);
Paul Dargouge (*vostiches*); de Plument (*cor-
sets et jupons*); etc. Les couturiers Laferrière,
Doucet, Worth, Félix, Baron, essayeront
bien de réagir, mais vainement. Mélanie
Perrochon, modiste, lancera la petite capote
Myrtille — qui fera fureur : un vrai petit
bonnet alsacien en velours pailleté d'argent,
— sur le devant un nœud alsacien, du milieu
duquel jaillira une flèche de petites fleurettes rosées. Madame Virot présentera,
elle, la forme timbale en paillasson gris,
orné comme un tyrolien de cinq galons de
laine fixés de côté par des petites boucles
d'acier foncé et mat, — grosse touffe de
galons posée sur le devant. Et l'on verra des

petits chapeaux dits Biscaïens, le petit toquet Louis XV, la petite capote juchée sur le sommet de la tête, tout en dentelle noire plissée, bord de fleurettes nébuleuses.

Même monotonie dans les plaisirs ! Vers 1885, le prince de Sagan étant roi du chic, et le petit duc de Morny, étant appelé Fleur-de-gomme, on se contentera d'inventer un pauvre divertissement : « *Riding* » et « *coaching* ». Ainsi, on ira en mail, en victoria, en phaéton — et même en tramway jusqu'à..... Marly-le-Roi. On lunche dans le parc. Sévissent *garden-parties, cotillons et bals*. C'est l'été. Les femmes portent des casaquins rouges, des jupes *fruitières*, des chapeaux *corbeille renversée*, des fichus de linon à *la laitière*.

Elles portent, également, les chéries : batiste bise, vendéenne à raies blanches et roses, linon pain bis, dentelles torchon, casaquins à basques carrées, toile de tablier bleu (brodée en blanc), toiles peintes (coqs, faisans, pintades).

Elles portent des mitaines, des tabliers de taffetas changeant.

Elles portent des chapeaux, avec ramier fixé sur la calotte, ou une perdrix ou un martin-pêcheur.

Le soir, elles dansent dans des flots de broderies écrues ou de dentelles soufre, sur lesquelles sont jetés, comme de grands papillons, des nœuds de moire noire, bleu sombre ou rubis.

Leurs cheveux sont relevés à la manière des nymphes de Clodion.

Voici l'hiver, elles portent alors des robes en velours frappé et en soie brochée, aux corsages en pointe — ou de grandes polonaises habilement drapées sur les manches et présentant les plus ingénieuses combinaisons de couleurs.

On leur recommande de surcroît la visite

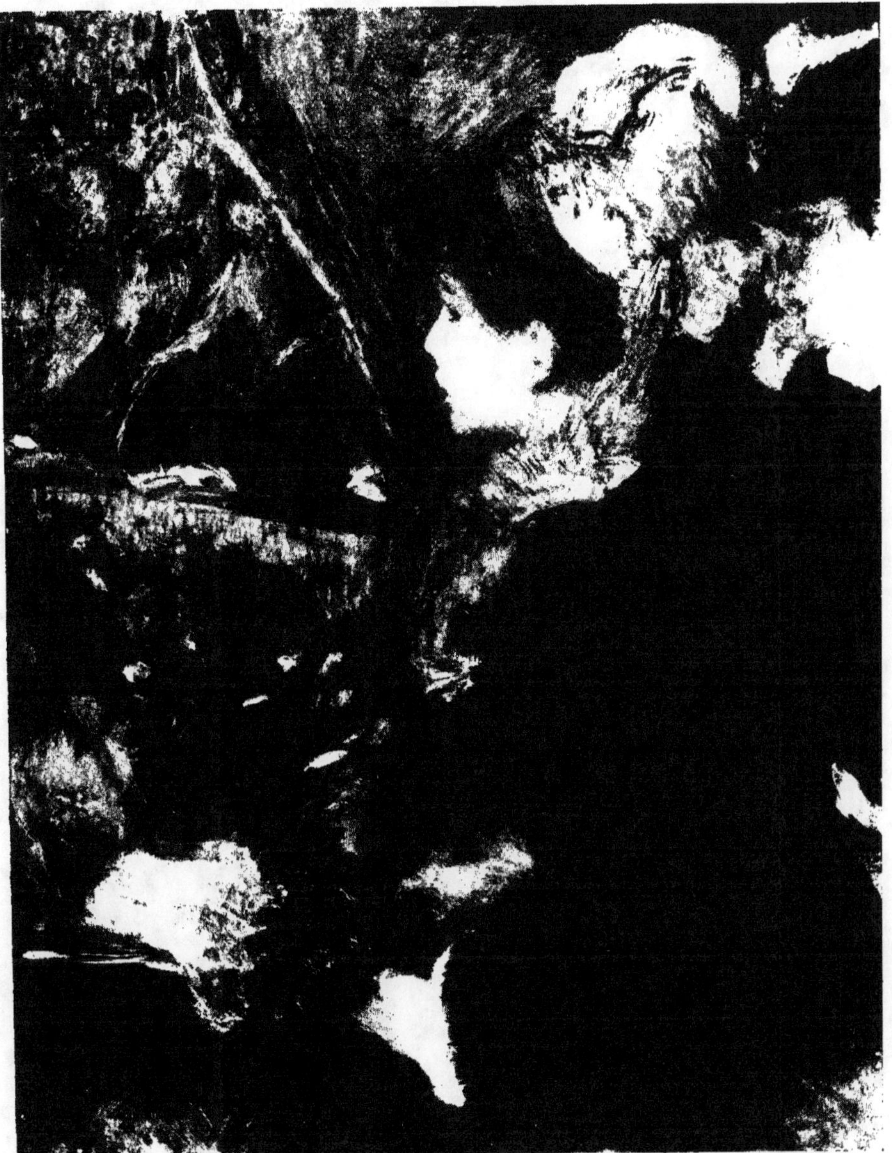

Photo Durand-Ruel

AU CAFÉ-CONCERT

Souwarow, en loutre d'Islande, doublée de satin, avec ou sans bordure chinchilla.

Se fait aussi en oppossum d'Australie, doublé d'oppossum naturel.

Manchon assorti.

Au printemps, tout est en taffetas, crêpe de Chine et dentelles. Atours bouffants.

On voit sur des barèges crème des œillets bleu-sombre, épanouis en éventail, des marguerites en forme d'étoiles et des grappes serpentines de mimosas.

Mais la vive fureur, la frénésie du moment, reste le taffetas changeant, la gorge de pigeon, ciel d'orage, eau du lac Léman, caméléon et aile de colibri.

Pour les dîners, presque jamais de robes décolletées, hélas! des corsages demi-ouverts en cœur, laissant un petit jour de souffrance dans le dos.

Infortuné Renoir!

* *
*

Aussi, avec quelle ivresse renouvelée, *quotidienne*, se jettera-t-il bientôt au creux de ses nus!

Pour l'instant, il peint tous ses amis qui l'entourent. Dans leur jardin, — dans le sien, — dans les « intérieurs » qu'ils ont composés, — à la fin d'un déjeuner, — se délassant sur une terrasse. Il n'attend pas longtemps pour trouver un tableau, pourvu qu'il y ait devant lui de jolies couleurs, avec du charme, de la jeunesse, de la vraie joie de vivre! Des enfants, des fillettes, des femmes surtout. L'homme, ici, ne trouve grâce que s'il est jeune, amoureux — ou capable de l'être; et encore, ne sera-t-il jamais représenté *seul*; il faut que la femme l'anime, le réjouisse, lui donne — sinon au dehors, toujours, — mais au dedans, alors, l'air d'un coq triomphant.

— 186 —

Les « intérieurs » peints par Renoir sont quelquefois un peu... « historiques ». C'était la manie — en ces années 1870-1880-1890 (manie que la province garde jalousement), — c'était la manie des « intérieurs » avec tentures, poufs, gros vases en cuivre d'où retombe un palmier, épais tapis, canapés avec bandes de tapisserie, mousse le long des glaces, rubans aux clés des serrures, carpettes à gueules de lion, d'ours ou de renard, cadres énormes, perruches dans des cages dorées et argenterie dans les vitrines. Alfred Stevens, — peintre belge, vivant presque continuellement à Paris : « *Nul n'a peint avec plus de vérité et de charme la Parisienne du second empire et des années suivantes* » nous dit le précieux « Petit Larousse illustré », — Alfred Stevens a représenté, par centaines, ces « intérieurs-là » dont vous retrouvez un parfait exemple dans le *Portrait de Mademoiselle Jeanne Samary, de la*

Comédie-Française, peint par Renoir, en 1879.

C'est indéniablement rococo, postiches anglaises et perroquet pour vieilles dames tous ces « intérieurs »; mais, interprétés par Renoir, avec malice, assurément, ils donnent l'idée d'un salon forain, d'une roulotte bien tenue, de la roulotte de Madame Mauricia de Thiers, — quelque chose comme la roulotte royale d'une véritable foire; et Renoir éleva cela à son plus haut sommet, en nous gratifiant de l'unique, de l'extraordinaire *Portrait de Madame de G....* Madame de G.... est couchée à la romaine, le buste droit, de face, sur une chaise longue, de style Empire, à palmes et cols de cygnes dorés. Au mur du fond, un gros cadre doré, clinquant, où l'on voit un jardin et des grues en promenade. Madame de G.... est décolletée, et porte un diadème avec aigrette, un collier et des bagues. Madame Récamier à la foire du Trône! La tête, avec cela, est jolie, grave. Madame de G.... a eu conscience un moment du rôle que son peintre lui faisait jouer !...

Assurément, on remarque bien, dans les tableaux de genre peints par Renoir, quelques tableaux fâcheux, comme, par exemple, *La partie de volant* (1886) — ou bien *La sortie du Conservatoire* (1877), véritable illustration pour une romance de l'époque : *Je fais la vague à l'Ambigu; Viens fêter nos vingt ans;* — ou bien : *Qu'on me verse du vin gaulois !; Mignonne, c'est l'amour qui passe !* — mais c'est l'exception, la très rare exception ! — D'autres tableaux, peut-être, également, ne dépassent point le médiocre tableau de genre des autres peintres, tombent même à la chromolithographie, à la vignette coloriée des calendriers; mais pourquoi s'attarder davantage à noter cela, quand, dans cette partie de l'œuvre de Renoir, on est tout illuminé, tout embrasé par *Le déjeuner des canotiers* et par le savoureux *Bal du moulin de la Galette*, où tous les rires, toutes les confidences amoureuses, toutes les grâces, toutes les ivresses boivent dans le généreux verre de la jeunesse!....

Ce qu'il convient mieux de noter, c'est que, par centaines, Renoir, suivant en cela Manet, a réussi des tableaux de genre. En nommer, ce serait aller au devant d'une nomenclature dont on ne verrait jamais la fin. Ce serait vouloir trop commenter, trop « expliquer » — et que Dieu me garde de cela! Tant que l'amour existera, on lira Musset; tant que la peinture vivra, on s'émerveillera devant Renoir.

Ah! il n'est ni lyrique, ni romantique, ni académique, ce peintre. Il est le *peintre*. Peindre pour peindre!.... On lui a prêté bien des confessions, bien des aveux; on lui a fait dire bien des histoires; elles valent ce qu'elles valent, vraies ou fausses. Moi, qui ne fus ni un ami de la *P. H.* — ni un ami de

la *D. H.*, j'ai souvent causé avec Renoir ;
nous n'avons pas souvent parlé peinture. Il
existe tout de même, n'est-ce pas, d'autres
« sujets de conversation » valables ? Et, au
fond, parler peinture avec lui ! mais je n'eusse
jamais osé souvent le fatiguer d'avance, lui
qui retenait, c'était visible, toute sa force,
toute sa volonté, toute sa résistance physique, pour se jeter — avec le plus de courage
et de puissance possibles sur sa nouvelle
toile, bientôt fleurie de toutes les couleurs
du monde coloré !....

Photo Durand-Ruel

JEUNES FILLES AU THÉATRE

XIV

Portraits

PORTRAITS

Oui, si l'on excepte les portraits de Choquet
et de Cézanne, de Sisley et de Monet, — les
portraits d'hommes irritèrent Renoir, — si
presque tous les portraits de femmes lui
furent agréables.

Représenter M. Ambroise Vollard (même
en toreador... un peu lourd!); M. Henry
Bernstein, l'auteur dramatique — et certains autres Narcisses du sexe mâle, vraiment, cela n'enchanta point Renoir. Mais,
en contraste, quel plaisir à portraiturer
Jeanne Samary, Mademoiselle Diéterle, les

filles de Catulle Mendès — ou simplement Gabrielle, une de ses bonnes!

Du reste, Renoir fit toujours des portraits d'hommes, à son corps défendant; mais il y a de tels « raseurs » que le peintre parfois dut céder. De tels raseurs qui se croient des Narcisses! ai-je fait entendre quelques lignes plus haut. Pourtant, comment un homme peut-il montrer avec tant de plaisir sa face peinte? J'admets deux exceptions : s'il est Ganymède ou Alcindor. Mignon ou maquereau. Alors, dans l'un de ces cas, l'homme se fait à lui-même une publicité; — et, dans notre temps de réclame outrancière, cynique et odieuse, cela, à la rigueur, se comprend... Mais n'êtes-vous pas ébaubis tous les jours de voir avec quel laisser-aller indolent, avec quelle impudeur grossière, ces Némorins que l'on appelle nos « jeunes auteurs » présentent, maintenant, d'éventaires à éventaires de librairie, leur effigie,

pour qu'elle serve de battage à leurs pro-
duits en vers ou en prose? Un index appuyé
sur le front, ou une main supportant toute
la tête, si alourdie de génie, ils semblent
méditer, remuer de définitives pensées; —
alors que des yeux morts, une bouche relâ-
chée et un nez en forme de groin indiquent
que les susdits Némorins sont, au contraire,
de bas larbins de Lettres, attelés quotidien-
nement à des besognes d'anus tout à fait
répugnantes. J'avoue que leurs consœurs,
bas-bleus conférencières ou romancières, ne
leur cèdent rien en rien; et elles aussi, en
général, ont des faces en biais ou des têtes
en poivrières, pains de sucre et autres délec-
tables formes de visages. Ah! la photographie encaisse trop de complicités honteuses,
trop de compromissions condamnables!

Parfois, Renoir a dû bien s'égayer aux
dépens de ses modèles; car je ne connais
rien, par exemple, de plus drôle, de plus

comique que le *Portrait de Mademoiselle R...*,
en petite vieille fûtée, à tête de souris et
d'ajustement si cocasse! Et, de même, voyez
le *Portrait de Mademoiselle D..*, grasse, lourde,
qui attend le moment de monter sur son
char!...

A bien dire, dans toute cette partie de
son œuvre : *Ses portraits*, Renoir ne nous
apporte pas la fantaisie qu'il éparpille, à
pleine main, dans ses tableaux de genre.
Souvent, même, on sourit de voir tant de
portraiturés à faces de chats ou de lapins,
qui offrent des yeux toujours les mêmes,
des lèvres grosses toujours pareilles, et des
vêtements toujours un peu trop guindés.
Oh! à bien penser, il ne devait certes point
dans cet ordre d'idées, s'amuser trop fréquemment, Renoir; car, lorsqu'on paye pour
avoir chez soi son portrait, pour le montrer
aux parents et aux amis, on est exigeant et
l'on veut tant de choses — et on les réclame

avec tant d'insistance, que, bientôt, le peintre, découragé, qu'on ne laisse pas chercher, tâtonner, bâcle le tout en accordant aux uns et aux autres ce qu'ils demandent, au nom de la « sainte Ressemblance, que diable! »

Aussi, la réelle joie de Renoir, c'était quand il pouvait faire poser des femmes de la Butte. Avec elles, au moins, il était libre! Il leur collait un galurin, un « bibi », sur la tête; et il commençait son régal de couleurs. C'était, cela, sa bonne dînette! Au beau temps de ses mains valides, un chapeau se présentait-il tout ensoleillé de fleurs, vite. il saisissait sa palette; et il prenait, il volait pour lui, pour sa toile, toute cette lumière ardemment colorée. Suzanne Valadon nous a dit combien elle en avait mis de ces chapeaux achetés par Renoir chez toutes les modistes! Il ne rentrait jamais les mains vides; il était un maniaque, une sorte d'érotomane du chapeau féminin : toquet, bonnet, feutre, paille, dentelles, fleurs. Les étoffes multicolores aussi le ravissaient : un souvenir de Delacroix, son premier et constant amour.

Il ne se flattait pas, certes! d'échapper à la séduction féminine et à tout ce qui la prépare. Autant Cézanne était fruste, sauvage, sanglier égaré dans la blonde campagne d'Aix-en-Provence; autant, lui, Renoir, il était soumis, défaillant, devant tout ce qui lui rappelait la Femme. Cézanne resta, toute sa vie, dans les halliers; Renoir accourait dès que le soleil s'accrochait aux feuilles et aux mousses du sol. L'un faisait danser les nymphes d'or; l'autre, épouvantait même les arbres.

Renoir était né tellement pour être le peintre de la Femme, qu'il lui arrivait de peindre n'importe quel cul, comme il disait! pourvu qu'« il raccrochât la lumière »; mais

PORTRAIT DE Mlle J. D.-R.

néanmoins il aimait les plaisants culs. Car il fit longtemps poser la petite Eugénie Dinan, dite par nous « Nini-tout-court », jolie fillette entretenue par un comte italien, assez usagé », — et qu'elle ruinait en chapeaux, en gants et en voitures. Le mot « ruinait » est peut-être excessif ; mais le barbon laissait pas mal de lires tout de même sur les comptoirs où se règlent les choses susnommées ; et, du jour que la gamine s'aperçut de l'amour de Renoir pour les chapeaux, pas un seul jour fût sans qu'elle eût un nouveau chapeau ! Nous tous, les camarades du *Lapin agile*, nous avions, de surcroît, reçu l'ordre de la petite d'acheter tout ce qui nous pouvait plaire en fait de « bobéchons » ; aussi, combien en passèrent-ils dans l'atelier où s'efforçait quelquefois à l'amour physique le comte italien !

Ma joie, c'est de revoir quelques-uns de ces chapeaux, au hasard d'expositions d'œuvres de Renoir. Que de vieilles actrices, que de marchandes à la toilette, que de grues surannées se vantent d'avoir posé, ce tableau-ci, ce tableau-là, pour Renoir ; mais comment toutes ces « rombières » nous feraient-elles oublier, à nous tous, la jolie .petite gueule blonde d'Eugénie Dinan, dite « Nini-tout-court » — et que je fis jouer, vers 1904, dans une de mes pièces au Grand-Guignol. Je ne le regrette pas ce théâtre, pas plus que d'autres, — ah ! l'amère bêtise de tout cela ! — mais comme je la regrette, elle, la gamine toute blonde, qui *renouvelait*, à chaque « bibi » ses rires, sa bonne humeur — et l'éclat de toute sa jeunesse radieuse !...

XV

Baigneuses

BAIGNEUSES

Nous arrivons — tout le monde l'attendait — à la partie la plus copieuse, la plus réputée de l'œuvre de Renoir : *Les Baigneuses* !

Ici, nous allons avoir devant nous un très haut peintre, l'égal des plus grands par l'amour passionné de la chair, par la puissance de réalisation du modelé; et l'étonnant, l'extraordinaire, l'inouï, le paradoxal miracle, c'est que plus Renoir avancera en âge, plus il sera torturé par ses maux physiques sans nombre, plus il sera « moins vivant » — à peine une apparence, sur les dernières années

de sa vie, qu'un rien renverserait sur le sol ; —
plus son génie, au contraire, s'accroîtra en
force et en beauté !... Chaque fois qu'il
touchera terre, à peine, la terre de son
domaine de Cagnes, Renoir repeindra de plus
belle. Si la **légende d'Antée** vous agrée,
dites-vous que la terre, c'est ici une jolie
fille nue, dans le jardin, nue sous le soleil
et le firmament bleu ; et que Antée, c'est
Renoir, mais Antée débile, **abrité dans une
sorte de cage de verre**, Antée paralysé, Antée
qui ne quitte plus son fauteuil orthopédique
et qui ne peut plus *vivre* que par la peinture !
Et c'est dans cet état physique qui serait
pour tous les autres hommes **un véritable
enfer** que Renoir va peindre ses plus magnifiques œuvres, dépassant ses œuvres de jeunesse et de maturité, élevant son art jusqu'à
la suavité des nus de Corrège ! Unique défi à
la souffrance !

Renoir prit ce nom : *Baigneuses* pour qualifier tous ses « tableaux avec nus » sortis de son jardin de Cagnes.

Ah ! il nous a tous bien contaminés !... Pour moi, personnellement, quand l'été brûle, je ne puis voir maintenant près de mon logis, en Auvergne, des jeunes filles, qui se baignent, sans songer à Renoir ; — et cela avec quel délice !

Je les vois partir en barque, riant, se bousculant, déjà très amusées de se dire qu'elles resteront longtemps dans l'eau ; et elles ne sont pas arrivées qu'elles sont déjà déshabillées, ne conservant que leur chemise.

Elles entrent dans l'eau, en jetant, sur tous les modes et sur tous les tons, les mille cris qui doivent exprimer le frisson de la fraîcheur aux mollets et aux cuisses. Puis, aussitôt, elles commencent de jouer.

S'accroupissant, se relevant, elles s'entre-jettent au visage, sur la poitrine, des poignées d'eau ; et elles rient toujours, et elles s'amusent toujours. Sans doute elles n'ont pas toute la grâce conventionnelle des nymphes ; certainement elles sont plutôt médiocrement jolies, et je ne demande pas que le sculpteur François Girardon, ami des naïades, au temps de Louis XV, vienne nous donner un cruel jugement ; mais, une fois la chemise retirée — elle collait, toute mouillée, tellement au corps ! — elles ont, ces jeunes baigneuses, une telle frénésie joyeuse qu'elles m'accordent bientôt un exceptionnel spectacle.

Nus potelés, ronds, déjà rouges, et de bras forts, pleins, voilà pour l'incorrigible amoureux d'art que je suis, voilà une évocation de Renoir !

Et c'est cela qui me fait ici rester, caché, frissonnnant, étonné de voir ces petits animaux si bondissants ; alors que rien, rien

BAIGNEUSE DE PROFIL

de ces jeunes qualités physiques ne se soupçonne dans les habits de la semaine, encore plus souples cependant que les vêtements engoncés des dimanches.

Comme Renoir a pétri cette grâce pleine de la chair! Et, chaque fois, quel ravissement! Certes, ici, ces petites naïades, elles sont, chacune, un modèle savoureux dans la limpidité et l'éclat ensoleillé de l'eau; de même, dans l'œuvre de Renoir, elles ont, toutes, ses *Baigneuses*, un charme si neuf!

La nature a accordé aux naïades la variété des nuances les plus attirantes; Renoir a, lui aussi, fleuri de mille caresses colorées ses *Baigneuses*.

Au moment où ces jeunes filles, lasses de jouer et de nager, se reposent, l'on se dit que nul peintre, jamais, n'exprima mieux la jeunesse et l'éclat de la chair. Elle fut composée par lui, faite de la neige la plus pure, et des roses les plus vifs, et des bleus les plus tendres et des jaunes les plus dorés et des verts les plus délicats. Avec quelles caresses il modelait ces seins, durs et frémissants, ces ventres légers, ces cuisses rondes et droites comme des colonnes ! Et, si, souvent, le visage était par lui un peu dédaigné, bientôt il se rattrapait dès qu'il touchait à la gorge, qu'il peignait dans l'émerveillement et suivait en adorable grâce jusqu'aux cuisses !

Le visage dédaigné ? Encore, puis-je écrire cela en songeant à tant de visages précieux, à tant de bouches fleuries, à ces yeux qui fixent dans le rose du visage une « valeur » veloutée et si noire d'un luisant éclat.

Je reste toujours dans mon coin ; et je suis les petites naïades paysannes. Elles sont robustes et potelées. Le jeu des muscles ! Ah ! les omoplates qui bombent tout à coup de ces petits Tritons, leur jeune tête ardente, redressée dans le soleil ! Vues ainsi de loin, je vous assure que ces naïades

paysannes sont aussi fascinantes que les
naïades de Renoir. Elles en ont tout le
bonheur amusé et toute la joie puérile, à
s'entre-jeter de l'eau encore au visage et de
toutes leurs mains réunies en coquilles. La
chair est frémissante et d'un beau brun-rou-
geâtre. Les chevelures, dénouées maintenant, flottent ainsi que des algues ; et, quand,
perdant l'équilibre, les petites naïades
tombent, les jambes dessinent dans l'air de
souples arabesques.

Ah ! comme ici tout disparaît, comme tout
compte peu, les arbres, les prés, même les
monts, devant ces paysannes qui se baignent !
Je ne me lasse pas de les contempler, dorées,
rougies, par les feux du soleil, par les jeux
de la lumière, par les reflets des arbres. Ce
sont des Baigneuses qui ne sortiront plus de
l'eau, maintenant. Jamais je n'ai si bien
compris l'enivrante et continuelle joie de
Renoir ; Renoir si enthousiaste, si exalté de

les peindre ces nus, toujours, toujours !
Quel plaisir, en effet, aurait-il pu trouver
à peindre ailleurs et un autre spectacle
humain? Ces nus, ces nus de jeune fille, de
jeune femme, qui étaient pour lui tous les
spectacles du monde, qui sont tous les spectacles du monde.

Il ne pensait qu'à eux et que par eux ;
les paysages, oui, étaient délassements ; et
les fleurs qu'il représentait, il savait bien
qu'elles ne pouvaient rivaliser d'éclat et
de fraîcheur avec les nuances de la chair
qu'il voyait, lui, comme la principale
gloire — et la plus durable — de la création.

Ces Baigneuses de la rivière, elles sont
à présent hors de l'eau ; elles se sèchent,
elles s'essuient ; et elles ont des abandons
ingénus, des bras retombants, des jambes
qui s'allongent. Leurs yeux sont luisants ;
et leurs joues sont rouges. Un sang agile
court sous la peau et gonfle les tétins. Quand

elles marchent à genoux pour s'amuser, leurs dos se gonflent et bombent ; et le rachis est souple et dur et apparent ainsi qu'une solide épine du hallier.

Voilà un moment de la volupté humaine ! Il faut que je le regarde de tous mes yeux. Demain, je ne pourrai peut-être plus le voir ! On finirait bien, en effet, par me dépister si je revenais trop souvent au bain des jeunes paysannes ; et comment ferais-je écouter une explication en dehors de tout érotisme ?

Et, pourtant, je jure que je garde ma tête libre devant ces Baigneuses. Je suis bien trop occupé à les suivre dans la lumière, dans les arbres et sous le soleil. J'ai vu déjà si souvent, chez Renoir, ces mille bonheurs, ces inventions de joie, tout ce persuasif enchantement dosé, dispersé, en surface, ou caché sur tous les points de la chair, et qui fait de chacun de ces corps un miraculeux triomphe.

Pourquoi alors, aujourd'hui, moi, un vieil amoureux des nus, dessinés et peints, pourquoi perdrais-je la tête ?

* * *

Comme Degas, — mais avec combien plus de volupté et de sensualité amoureuses ! — Renoir a dessiné (rappelons-nous ses grands dessins à la sanguine ! ses belles eaux-fortes et ses suaves lithographies !) — Renoir a dessiné et peint tous les nus. Je veux dire qu'il les a bien placés dans toutes les poses, solitaires ou en groupes, dans l'eau, hors de l'eau, s'offrant au soleil, ou dormant sous les arbres. Et cette couleur — que l'on voit obstinément rouge, d'une seule tonalité rouge — alors qu'elle est faite de centaines de nuances, — combien elle sera adorable plus tard, quand, descendue — si l'on peut dire, de plusieurs crans, — elle sera devenue d'un beau ton chaud, doré, fait comme d'un sang alerte, d'une vigueur incomparable.

Oh! pour le moment, je le sais, elles les subissent les sarcasmes, les plaisanteries, les belles chairs rouges; — de même, les railleries se donnent-elles assez libres cours à voir tant de Baigneuses charnues, aux gros bras, aux grosses fesses et aux gros tétons. Songez! un peintre qui a, de surcroît, osé peindre une « *Femme enceinte* », véritable aérostat avec ses bourrelets de graisse et ses enflures momentanées. Et le peintre qui a osé faire *cela*, croyez-vous qu'il donne assez prise à la critique même la plus bien-veillante?...

Et, enfin, ne manque-t-il pas tout à fait d'imagination, cet amant forcené du rouge?

Oui, sans doute, il n'a jamais cherché à peindre autre chose qu'un nu ou des nus dans la nature; et la litanie de ces nus revient, comme chez Degas, quand il les faut citer, quand il les faut nommer quand même pour des nomenclatures ! *Baigneuse assise*; *Jeune femme se baignant*; *Baigneuse blessée*; *Baigneuse à sa toilette*; *Après le bain*; *Femme nue s'essuyant*; *Le repos après le bain*; *La baigneuses brune*; *Baigneuse endormie*; *La toilette de la baigneuse*; *Baigneuses*.

Oui, ne croirait-on pas que nous sommes chez Degas, et que nous sommes en train de désigner ses nus? Mais si les titres sont à peu près les mêmes, quel style, quelle manière, quelles peintures et quels pastels si différents les uns des autres, au point qu'il est tout à fait vain de s'attarder là-dessus! Et puis Degas est un pastelliste — et Renoir est un peintre! Mais si la vulgarité des nus chez Degas est souvent affirmée, elle ne l'est pas moins chez Renoir; toutefois, chez Renoir, le *type* est mieux conservé : tout est gros, les fesses, les bras, les jambes; et la tête est toujours ronde, et les lèvres, un peu

BAIGNEUSES

Photo Durand-Ruel

retroussées, sont épaisses. Chez ces deux maîtres, nulle recherche de la *race*. On voit bien — à part quelques rares et superbes exceptions — qu'ils s'en tiennent, tous deux, à des bonnes. Chez Degas, rosserie aigre, mal embouchée ; chez Renoir, la bonne grosse fille qui « s'est fait du lard ».

Quelquefois, toute cette chair grise Renoir ; et, ne pouvant se lasser de la « peloter », comme il aime à le répéter, il place deux, quatre, sept *Baigneuses* dans un paysage ; et il délire dans cet amas de fesses, de tétons et de ventres. Il s'entendrait avec neuf Baigneuses, s'il le voulait ; il se retrouve dans toute cette troupe, comme un coq au milieu de ses poules ; il sait donner à chacune sa part d'amour ; pas une n'est négligée.

Là, encore, au sujet de ces *Baigneuses*, on s'est évertué à sérier des « manières » du peintre, à le cataloguer ; à lui imposer telle ou telle influence : *(Ingres*; après le *retour d'Italie*, etc.).

Cela agaçait Renoir, au point qu'il parlait quelquefois lui-même de sa « manière aigre » *(sic)*; eh bien! et après? Qu'est-ce que cela peut bien nous faire? à nous, qui voulons nous en tenir aujourd'hui obstinément à la parole de Lautrec : « *La peinture, c'est comme la merde; ça se sent, ça ne s'explique pas!* » Certes, je comprends que les classifications, manières, styles et autres formules qui ne riment, en somme, à rien (quand on est en présence d'un peintre comme Renoir qui « se cherche » *toujours*); — je comprends bien que toutes les divisions de l'œuvre en tranches intéressent les pions, les professeurs et les psychologues de la peinture; mais toutes ces divisions, le plus souvent, se voient très nettement; alors, à quoi bon s'appesantir sur elles?

Il est peut-être plus curieux de répéter,

avec Renoir, que fesses, ventres et tétons
ont été pour lui de sérieux encouragements à l'art de peindre; même les
seuls vrais encouragements, *très probable-*
ment! Et, pourtant?... Voilà un homme
si magnifiquement peintre que, même
peintre sur porcelaine, demeuré à Limoges, il eût accompli des miracles. Chose
à retenir, irrespect! — je tends le dos
aux invectives!... maintes fois des œuvres
peintes par Renoir me font penser à des
œuvres peintes sur porcelaine. Oui, c'est
le même mat doux, le même fondu, la même
transparence! c'est le même blond général,
les mêmes roses, les mêmes bleus, les mêmes
jaunes attendris! Et les « Paysages », peut-
être, avec les « Natures mortes », appro-
chent-ils plus encore de cette fine et trans-
lucide apparence!...

Tout de même, ne regrettons pas le Renoir
qui serait peut-être devenu « illustre peintre

sur porcelaine! » — et qui eût peut-être été, comme on disait autrefois — au temps du compagnonnage, — *La gloire de Limoges!*

APPENDICE

ESSAI DE CATALOGUE

Le fécondité de Renoir est vraiment au-dessus de toutes les recherches raisonnables.

Voici donc un très sommaire choix de quelques toiles :

1861. *Femme endormie.*

1863. *La Esmeralda dansant avec sa chèvre.*

1865. *Le cabaret de la mère Anthony.*
La grenouillère.

1866. *Dans le parc de Saint-Cloud.*

1867. *Lise.*
Diane chasseresse.

La barque à Chatou.

1868. *Le garçon au chat.*
La femme à la perruche.
Portrait de Sisley.
Le ménage Sisley. ·

1869. *Portrait du père Renoir.*
Portrait de femme.

1870. *La promenade.*
La baigneuse au griffon.
Portrait de Dame.

1871. *Le déjeuner.*
Portrait de Mme Maître.

1872. *Parisiennes habillées en Algériennes.*

1873. *La loge.*
L'amazone.
Dans l'herbe.
Vue de Paris.

1874. *La Source.*
Portrait de M. Choquet.

JEUNE FILLE A LA ROSE
(PASTEL)

Portrait de Sisley.
La danseuse.

1875. Sur l'herbe.
La fillette attentive.
Les grands boulevards.
Portrait de Claude Monet.
Portrait de Renoir par lui-même.

1876. Bal du Moulin de la Galette.
La balançoire.
La chevelure.
Ingénue.
Buste de femme.
Portrait de Mlle Durand-Ruel.
(Dans l'atelier de la rue Saint-Georges) :
Portrait de Lestringuez, Rivière, Cabaner,
Pissarro et Cordey.
2e Portrait de M. Choquet.

1877. La sortie du Conservatoire.
La femme aux lilas.
Jeanne Samary (buste).

1878. Le premier pas.

Mme *Charpentier et ses deux fillettes.*
Jeune fille.
La Seine à Argenteuil.

1879. *Les parapluies.*
La bohémienne.
La fin du déjeuner.
La tasse de café.
Les pêcheuses de moules.
Portrait de Mlle *Jeanne Samary.*
La place Clichy.
Portrait de Frédéric Cordey.
Mlle *Marguerite B.*
Couseuse.
La fête de Pan.

1880. *Dans la loge.*
La femme à l'éventail.
La femme au chat.
La yole.
Place Pigalle.
Portrait de Cézanne (pastel).
M. Maurice G.
Mme *Yvonne et Hélène G.*
Vue d'Argenteuil.

Jeune fille dormant.
Jeune fille lisant.

1881. *Le déjeuner des canotiers.*
Les enfants en rose et bleu.
Sur la terrasse.
Vue d'Alger.
Campagne dans la Calabre.
Naples.
Portrait de Richard Wagner.
Vénitienne.
Le Grand Canal.

1882. *Femme dans les fleurs.*
Le jardin d'essai, à Alger.
Ali.
Vieille femme arabe.

1883. *Vue de Guernesey.*
Le melon.
Le faisan.
L'enfant en robe blanche.

1884. *La danse à la ville.*
Baigneuse.

1885. *Dans le jardin*
Baigneuse.
Baigneuses.
Mère et enfant (pastel).

1886. *Mère et enfant.*
La partie de volant.
La femme, la vache et la brebis.
Jeune fille à la rose (pastel).
Baigneuse couchée.

1887. *La natte.*

1888. *Les filles de Catulle Mendès.*
Baigneuse.
Enfant écrivant.
Enfant dessinant (Pierre Renoir).
Enfant assis.

1889. *La jeune fille aux marguerites.*
La toilette.
Fleurs.

1890. *Portrait de Mme de Bonnières.*
Le cap Ferrat.

Photo Durand-Ruel

ENVIRONS DE CAGNES

Villefranche.
Environs de Pont-Aven.
Deux panneaux décoratifs
Fleurs.
Jeune fille dessinant.

1891. *La dormeuse.*

1892. *Les deux fillettes au piano.*
Le croquet.
Bougival.

1893. *La ferme de Magagnosc.*

1894. *Les deux sœurs.*
La lecture.
Mme *Berthe Morisot et sa fille (pastel).*
La toilette.
Femme assise.
La femme à l'éventail.
Femme au chapeau blanc.
Baigneuse.

1895. *Jeunes filles fleurissant leurs chapeaux.*
Jardin à Montmartre.

L'enfant et ses jouets.

La lecture.

Le repos.

Baigneuse au chapeau de paille.

Après le bain.

1896. *Au bord de la mer.*

La mandoliniste.

Jeune fille portant une corbeille de fleurs.

La famille du peintre.

Au piano.

Femme jouant de la guitare.

L'enfant à la pomme.

Femme couchée.

1897. *Baigneuses.*

Environs de Briey.

La brodeuse.

La lecture.

1898. *La jeune fille en rose.*

La route de Versailles à Louveciennes.

Paysage à Louveciennes.

La toilette.

Jeune fille.
La guitariste.
Baigneuse.

1899. *Forêt de Marly.*
Fraises et ananas.
Villeneuve-lès-Avignon.
Enfant couché sur l'herbe.
Torse.

1900. *La toilette de la baigneuse.*
La promenade.
Buste d'enfant.

1901. *Vue du Cannet.*
La toilette.
Enfant courant.
L'enfant au béret
Après le bain.
Baigneuse.

1902. *La bergère.*
Paysage près de Cannes.
Environs du Cannet.
Portrait d'enfant.

Femme nue.

1903. *Le jardin d'Essoyes.*
Baigneuse à sa toilette.
Femme couchée.
Enfant et sa bonne.

1904. *Nu à l'étoffe verte et jaune.*
Coco (Claude Renoir).
Baigneuse.

1905. *Torse de femme.*
Anémones.

1906. *Portrait de Mme E.*
La baigneuse brune
Portrait d'enfant.

1907. *Paysans au repos.*
Gabrielle.
Cagnes.
Le clown (Claude Renoir).
Portrait de Renoir par lui-même.
Portrait de Mlle Renée Rivière.
Nu sur les coussins.

Photo Durand-Ruel

NÈFLES DU JAPON

1908. *La frivolité.*
Claude Renoir peignant.

1909. *Ode aux fleurs.*
Baigneuse blessée.
Bouquet de roses.
Femme se coiffant.

1910. *La rose dans les cheveux.*
Claude Renoir et les deux bonnes.
Vue sur Antibes.
Grenades, figues vertes et violettes noires.
Portrait de M. Paul Durand-Ruel.

1911. *Gabrielle à la rose.*
Portrait.
La fillette à l'orange.

1912. *La source (variante).*
Portrait de Mlle Diéterle.
La maison du jardinier des Collettes.
Jardin de Cagnes.
Femme assise.

1913. *Laveuses.*

La femme au miroir.
*Femme **nue** s'essuyant.*
Tête de femme.

1914. *Odalisque.*

1915. *Portrait de M. A. V. (buste).*

1916. *Liseuse.*
Etude de tête.

1917. *Portrait de M. A. V. (Le toreador!)*
Femme arrangeant des fleurs.
Baigneuses.

1918. *Le thé.*
Baigneuses.

TABLES

TABLE DES CHAPITRES

L'ŒUVRE

APPENDICE

TABLE DES REPRODUCTIONS
HORS-TEXTE

St-Denis. — Imp. Dardaillon.